DAGMAR GASSDORF & BERTOLD HEIZMANN

Schiller

Populäre Irrtümer und andere Wahrheiten

KLARTEXT

BILDNACHWEIS

Adobe Stock: © andersphoto: 11o., 67, © Sina Ettmer: 10 o., 12, © Erica Guilano-Nachez: 44, © imaginando, © Josefkubes: 11 u., © laufer: 10 u., © Cora Müller: 46/47, © orensila: 79, © rainbow: 85 u., © randomneursch: 81, © rdnzl: 84, © travelview: 8; Deutsches Literaturarchiv Marbach: 23, 91, 92; Matthias Duschner: 4 unten; Goethezeitportal: 15 l., 15 M., 96; Imago Images/Hans Blossey: 94, Imago Images/© xBraun/drama-berlin.de: 70/71; Kindermann Verlag: 75; Klassik Stiftung Weimar, Bestand Museen: 60/61; picture alliance: pa/akg images: 5, 13, 20, 25, 27, 36, 43, 48/49, 51, 80, 89, pa/dpa/Martin Schutt: 41, 95, pa/dpa/dpaweb/Arne Dedert: 99, pa/imageBROKER: 15 r., 32 r., 35, pa/imageBROKER/H.-D. Falkenstein: 29, 32l., 77, pa/imageBROKER/hwo: 57, pa/obs/SWR/Rolf v.d.Heydt: 19, pa/Universität Jena: 55, pa/ZB/Claudia Esch-Kenkel: 21; privat: 4 o., 39, 45, 87, 97; Wikipedia: Von Gestumblindi – Eigenes Werk, Gemeinfrei, https://commons.wikimedia.org/w/index.php?curid=6727506: 9, Von Pompeo Batoni – [1] ([2]), Gemeinfrei, https://commons.wikimedia.org/w/index.php?curid=11582844: 12, Von kolorierter Stahlstich nach einer Zeichnung von Karl Philipp Conz - eingescannt aus: Harald Schukraft: Kleine Geschichte des Hauses Württemberg, Tübingen, 2006, ISBN 13-978-3-87407-5, S. 175, Gemeinfrei, https://commons.wikimedia.org/w/index.php?curid=2117236: 13, Von Friedrich Pecht - Friedrich Pecht: Schiller-Galerie. Charaktere aus Schiller's Werken, gezeichnet von Friedrich Pecht und Arthur von Ramberg. Funfzig Blätter in Stahlstich mit erläuterndem Text von Friedrich Pecht. F. A. Brockhaus, Leipzig, 1859, Gemeinfrei, https://commons.wikimedia.org/w/index.php?curid=44449799: 62, Gemeinfrei, https://commons.wikimedia.org/w/index.php?curid=123841: 80, Von Anton Graff - Theo Piana: Friedrich Schiller. Volksverlag, Weimar 1957., Gemeinfrei, https://commons.wikimedia.org/w/index.php?curid=5728955: 85, Von Autor unbekannt - Infotafel, La Neuveville, Gemeinfrei, https://commons.wikimedia.org/w/index.php?curid=50252618: 30/31, Von Antoine Charles Horace Vernet - Scanned from "Die großen Deutschen im Bilde" (1936) by Michael Schönitzer, Gemeinfrei, https://commons.wikimedia.org/w/index.php?curid=5040480: 58

Bibliografische Information der Deutschen Nationalbibliothek
Die Deutsche Nationalbibliothek verzeichnet diese Publikation in der Deutschen Nationalbibliografie; detaillierte bibliografische Daten sind im Internet über http://dnb.dnb.de abrufbar.

IMPRESSUM

1. Auflage April 2021
Layout und Satz: Ina Zimmermann
Umschlagabbildungen: Adobe Stock: © peterschreiber.media, © josefkubes, © tauav, © Janmac, © sina ettmer; imago images/IMAGEBROKER, imago images/Schöning, imago images/Shotshop; picture alliance/akg-images
Druck und Bindung: Linsen Druckcenter GmbH, Siemensstr. 12-14, 47533 Kleve

ISBN 978-3-8375-2327-0

KLARTEXT

Jakob Funke Medien Beteiligungs GmbH & Co. KG
Jakob-Funke-Platz 1, 45127 Essen
info@klartext-verlag.de, www.klartext-verlag.de

Inhalt

Die Autoren

Bertold Heizmann hat Germanistik und Philosophie studiert, an der Ruhr-Universität Bochum mit einer Arbeit über Goethes Freund Herder promoviert und ist nach wissenschaftlicher Tätigkeit in den Schuldienst gegangen. Er ist Mitautor von Lehrbüchern und Verfasser zahlreicher Handreichungen für den Deutschunterricht. Zuletzt erschienen von ihm eine Monografie über Goethes Gegner Kotzebue („Im Schatten Goethes", 2019) sowie im Klartext Verlag die Schrift „Die Kultur an die Stätten der Arbeit! 100 Jahre Goethe-Gesellschaft Essen" (2020).

Dagmar Gaßdorf ist ebenfalls promovierte Philologin, hat aber ihren akademischen Job an der Uni Bochum gegen eine Tätigkeit in der Wirtschaft getauscht. Sie hat in führenden Funktionen großer Unternehmen gearbeitet, eine Werbeagentur geleitet, mit der RUHR REVUE eine Zeitschrift verlegt und ist heute Stellvertretende Vorsitzende des WDR-Rundfunkrats. Nach früheren Sachbüchern, darunter „Das Zeug zum Schreiben", „Zickenlatein" und „Lustreden" (alle FAZ-Verlag), hat sie 2020 mit „Die Taube auf dem Dach" (Klartext Verlag) ihren ersten Roman vorgelegt.

Zusammen hat das Erfolgsduo bereits den Band „Goethe für Klugscheißer" veröffentlicht, weitere Titel sind in Planung.

Zum Geleit

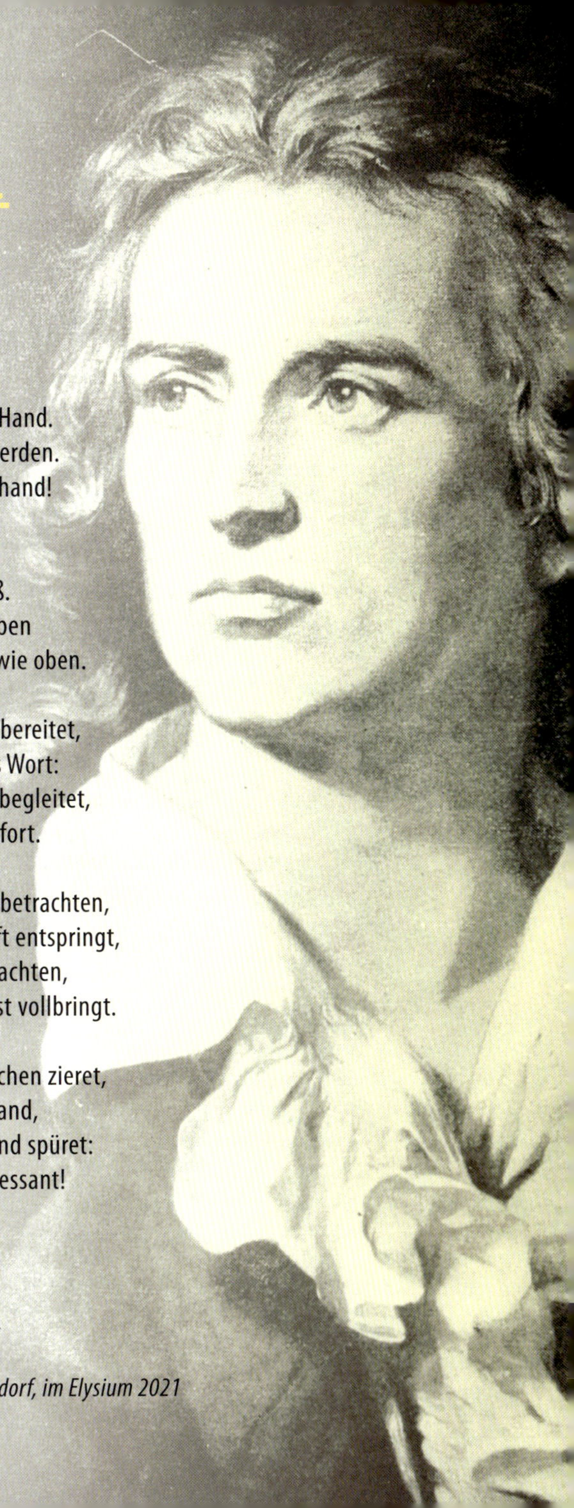

Glockenton light

Fest gebunden alle Seiten
Liegt dies Büchlein in der Hand.
Nun, jetzt kann gelesen werden.
Frisch, denn da steht allerhand!

Von der Stirne heiß
Rinnen muss kein Schweiß.
Will man einen Meister loben
in netter Art, geht's auch wie oben.

Zum Werke, das euch hier bereitet,
Zuvor nur noch ein kleines Wort:
Wo heit'rer Ernst uns treu begleitet,
Fließt die Lektüre munter fort.

So lasst uns jetzt mit Lust betrachten,
Was aus des Klartexts Kraft entspringt,
Und dabei niemanden verachten,
Der nie gewusst, was Kunst vollbringt.

Das ist's ja, was den Menschen zieret,
Und dazu hat er den Verstand,
Dass er sich rühren lässt und spüret:
Ach, sieh mal an: Wie int'ressant!

Schiller

ghostwritten by Dagmar Gaßdorf, im Elysium 2021

Aha

Schiller und seine Zeit

Schiller ist im Zeitalter der „Aufklärung" aufgewachsen. In den Literaturgeschichten findet man ihn aber meist als Hauptvertreter des „Sturm und Drang" – und natürlich als „Klassiker"! Was denn nun?

Zunächst zur „Aufklärung". Sexuelle Aufklärung ist hier nicht damit gemeint; aber um das Bestreben, einen „im Dunkel" liegenden Sachverhalt ins Licht zu rücken, ging es schon. Denn im 18. Jahrhundert lag einiges im Dunkel. Das Volk wurde von den Regierenden gern absichtlich dumm gehalten und so bequemer unterdrückt. Doch immer weniger Menschen ließen sich das gefallen, bis ihre Forderungen nach „Freiheit, Gleichheit, Brüderlichkeit" in die Französische Revolution mündeten – wenn auch zunächst nur in unserem Nachbarland ...

An Aufklärern, die das Volk aus seiner „selbstverschuldeten Unmündigkeit" (so Kant) herausholen wollten, mangelte es nicht. Doch die Vernunft-Argumente aus deren Schriften entsprachen nicht der Vorstellung des jungen Heißsporns Friedrich Schiller. Das war ihm alles zu zahm; er war kämpferisch gestimmt: Unterdrückung und soziale Missstände ließen sich nicht im philosophischen Kämmerlein beseitigen, sondern nur durch beherzte Tatkraft! Die zeichnet alle seine Dramenhelden aus. Natürlich auch die Heldinnen, vorneweg die Jungfrau von Orleans!

Was Willkür heißt, lernte Schiller schon früh in seiner „Pflanzschule". Der regierende Herzog war ein Despot; Meinungsfreiheit wurde brutal unterdrückt. Das Schicksal des regimekritischen Dichters und schwäbischen Landsmanns Schubart, der zehn Jahre in der Festung Asperg in Isolationshaft verbrachte, hat Schiller tief berührt.

Und die anderen Landesfürsten waren kaum besser. Sie bauten prachtvolle Schlösser und ließen das Volk hungern. Kein Wunder, dass Schillers „edler Räuber" Karl Moor sich als neuer Robin Hood sieht! Das Verhalten mancher Fürsten, Landeskinder als Soldaten, meist nach Amerika, zu verkaufen, geißelt Schiller in „Kabale und Liebe". Und auch alle seine späteren Stücke haben das Streben nach Freiheit zum Gegenstand. Seine Helden mögen scheitern, aber ihre Ideen wirken nach als Blaupause für eine bessere Zukunft. In seinem letzten fertiggestellten Stück, dem „Wilhelm Tell", gelingt denn ja wenigstens auf der Bühne auch die Befreiung vom Tyrannenjoch.

Selbst der Weimarer Herzog Carl August, der wie seine Mutter Anna Amalia Weimar als „Musenhof" sah und deshalb Persönlichkeiten wie Wieland, Goethe und Schiller in sein Herzogtum holte, war keine ganz rühmliche Ausnahme: Der Unterhalt des Hofes verschlang fast die Hälfte des Landeshaushalts, und mit der Bildung für alle war es auch nicht weit her.

Im gesamten deutschen Sprachgebiet gab es Mitte des 18. Jahrhunderts keine 30.000 Menschen, die imstande waren zu lesen und zu schreiben. Dank der Aufklärer stieg deren Zahl und damit auch die der Schriftsteller zum Ende des Jahrhunderts hin zwar stark an; doch das Theater blieb noch lange eine Sache der höfischen Kultur, weil nur die Fürstenhöfe sich solche Häuser leisten konnten.

Mit seiner kraftvollen Sprache, so ganz anders als die betuliche höfische, stand Schiller nicht allein da. Es gab eine Reihe revolutionär gesonnener junger Schriftsteller, die mit ganz neuen Tönen soziale Themen für das Theater aufgriffen. Eines dieser Stücke hieß „Sturm und Drang" und gab später der ganzen Bewegung den Namen. Aber Schiller blieb nicht dort stehen. Seine Begeisterung für die klassische Antike und deren humanistisches Weltbild teilte er mit Goethe. Beide versuchten, die antiken Werte für ihre Zeit fruchtbar zu machen. So wurden sie selber zu „Klassikern" – Schriftstellern, deren Werke zeitlos gültig sind.

„Geben Sie Gedankenfreiheit!"

Wer hier durch den Marquis Posa in „Don Carlos zum spanischen König Philipp II. spricht, ist der junge Heißsporn Schiller.

Aha

Zahlen & Fakten

2.163 Schillerstraßen gibt es in Deutschland. Kein anderer berühmter Name ist öfter auf Straßenschildern zu finden, selbst Goethe nicht (2.053mal). Eine fiktive Schillerstraße hat es sogar zu Fernsehruhm gebracht: Auf SAT.1 liefen zwischen 2004 und 2011 insgesamt 150 Episoden einer gleichnamigen Comedy-Serie ohne Drehbuch, deren Schauspieler lediglich Regie-Anweisungen für eine Spielhandlung bekamen.

1 Universität ist nach Schiller benannt: Seit 1934 heißt die Hochschule in Jena Friedrich-Schiller-Universität. Anlass für die Umbenennung der seit 1558 als „Salana" bekannten Universität war der 175. Geburtstag des Dichters, der hier mit seinen Vorlesungen die Studenten begeistert hatte wie keiner vor ihm.

1 historischer Raddampfer mit dem Namen „Schiller“ verkehrt seit 1906 auf dem Vierwaldstätter See in der Schweiz als Ausflugsschiff. Am Bug trägt die „Schiller“ eine Flagge mit dem Wappen von Weimar – zu Ehren des Dichters des „Wilhelm Tell“.

1903 wurde in Marbach am Neckar, Schillers Geburtsort, das Schiller-Nationalmuseum eröffnet. Es sollte als Gedenkstätte für Schiller und andere schwäbische Dichter dienen. Später wurde es erweitert und ist heute ein Teil des Deutschen Literaturarchivs Marbach. Auch in den Wohnstätten Schillers in Bauerbach, Weimar und Jena wurden Museen eingerichtet.

3.700 Mitglieder zählt die Deutsche Schillergesellschaft e.V. mit Sitz in Marbach, die seit 1895 besteht.

Für eine **halbe Million** Schweizer Franken ersteigerte ein anonymer Bieter 2011 die überraschend aufgetauchte Originalhandschrift der Erstfassung der „Ode an die Freude" von 1785.

21 Denkmäler von Schiller gibt es allein in Deutschland, nicht mitgezählt das vielleicht bekannteste: das Goethe-Schiller-Denkmal in Weimar. Auch im Ausland begegnet uns Schiller in Denkmälern: je dreimal in Österreich und in Tschechien, je einmal in Polen, Russland, der Schweiz und der Volksrepublik China, dreizehnmal in den USA.

3 Schillertürme gibt es in Deutschland, wobei der Dessauer Schillerturm 1915 als Bismarckturm eingeweiht und erst 1955 zum Schillerturm umbenannt wurde. Im tschechischen Kryry (Kriegern) steht ein Aussichtsturm namens Schillerwarte, der kurioserweise nur deshalb den Namen trägt, weil er im Schillerjahr 1905 errichtet wurde.

Nach Schiller benannt sind nicht nur die Schillerlocken und der Schillerkragen, sondern auch ein Asteroid:

1985 bekam der mit der Nummer **3079** den Namen „Schiller“.

Aha

„Närrisch wore“

10. November 1759. Fast hätte Elisabeth Dorothea Schiller, geborene Kodweiß, dieses Kind in einem Feldlager bekommen: Sie besuchte gerade ihren Mann, Leutnant im Württembergischen Heer, in Ludwigsburg, als die Wehen einsetzten.

Während Vater Caspar Schiller im Krieg ist, weil sein Herzog Carl Eugen sich gegen Preußen auf die Seite Österreichs geschlagen hat, bringt die Mutter, gerade noch rechtzeitig wieder zu Hause, den kleinen Johann Christoph Friedrich zur Welt, einen schwächlichen Säugling, aus dem einmal ein Großer werden soll. Beim Betreten von Schillers Geburtshaus in Marbach am Neckar, das heute ein kleines Museum ist, spürt man immer noch, wie „dürftig, ernst und klein“ (laut Ringelnatz) Schillers erste Lebensjahre waren.

Schillers Geburtshaus in Marbach heute

Schillers Eltern, Johann Caspar und Elisabeth Dorothea, geborene Kodweis

Vater Schiller war ein „Selfmademan". Obwohl hochbegabt, hatte er nach dem frühen Tod des eigenen Vaters auf dem Feld arbeiten müssen, um acht Geschwister durchzubringen. Aber er eignete sich an, was er nur konnte: Französisch genauso wie Fechten. Bei einem Klosterbarbier lernte er Wunden zu versorgen und ging dann zum Militär, wo er sich bis zum Regimentsmedicus hocharbeitete. Bis zum Hauptmann und zum Aufseher aller Parkanlagen von Württemberg sollte er es bringen. Für Fritz war er „der beste Vater" und ein Vorbild, dessen hohen Erwartungen an den einzigen Sohn er gerecht werden wollte. Mit Gedichten konnte er den Vater leider nicht begeistern. Als der 13-jährige stolz ein selbstverfasstes Gedicht vorträgt, ruft der Vater aus: „Bisch närrisch wore, Fritz?"

Schiller selbst meinte, er habe drei Väter gehabt. Neben dem leiblichen Vater Caspar wird später ein wahrer Despot zu einer Art Übervater für den hochbegabten, empfindsamen Jungen: Herzog Carl Eugen, der Landesherr. Über beiden regiert dann noch der göttliche Vater, der nach Auffassung Caspar Schillers die Herrschaft der irdischen Väter über ihre Söhne bestimmt hat. Bei der ängstlichen Mutter, die gern und viel lamentiert, findet der liebebedürftige Knabe wenig Halt.

Der Vater-Sohn-Konflikt wird denn auch prägend für Schillers Werk: In seinem Drama „Don Carlos" sind in der Figur des despotischen Königs Philipp alle drei Vaterfiguren eindrucksvoll vereint.

Aha EXTRA

Ehret die Frauen!

Bei ihrer Heirat war Schillers Mutter noch wohlhabend; doch deren Vater verspekulierte sich im Holzhandel und wurde zum Sozialfall für den Schwiegersohn. Ihren Kindern war Elisabeth eine liebevolle Mutter. Sie hatte musische Neigungen und hätte gern auch den Töchtern Bildung und Aufstieg ermöglicht. Doch ihr Mann führte ein strenges Regiment ...

Ein Lichtblick waren die Theater- und Opernaufführungen des Hofes, zu denen eine Offiziersfamilie wie die Schillers freien Eintritt hatte. Der kleine Fritz war fasziniert: Gleich bastelte er sich Figuren, erdachte eigene Stücke und improvisierte im häuslichen Wohnzimmer eine Bühne. Die Familie war mäßig begeistert. Schwester Christophine erzählt, er habe „durch seine Lebhaftigkeit“ alles übertrieben.

Bis zu seinem 13. Lebensjahr hatte Friedrich keine schlechte Kindheit. Zusammen mit seinen Spielkameraden, den Söhnen der Familie von Hoven, die im selben Hause wohnte, besuchte er die Lateinschule, Berufsziel: evangelischer Geistlicher.

Brüder hatte er keine, aber er wuchs mit drei Schwestern auf: Da ist zunächst seine Vertraute, die zwei Jahre ältere Christophine, genannt Fine. Sie wird später auf Anraten der Eltern einen Bibliothekar in Meiningen heiraten – gegen den Rat des Bruders, der wohl ahnte, dass dieser „geizige“ Mann seine talentierte Schwester zum Gelderwerb durch Zeichenunterricht für Bürgertöchter zwingen würde. Als es darum geht, ihrer an Typhus erkrankten Familie beizustehen, kommt Fine noch einmal zurück. Ihre eigene Gesundheit war wohl robust, robuster als die des Bruders: Sie wurde 90 Jahre alt!

Ganz anders war Schwester Luise, geboren 1766. Sie galt Schiller vor allem als tüchtige „Hauswirtin“ und sollte später einmal seinen Haushalt führen. Luise überlebt mit ihrer Mutter die Typhus-Epidemie, heiratet einen Pfarrer in Cleversulzbach und pflegt dort die Mutter bis zu deren Tod. Dort wird Schillers Mutter

1802 auch begraben – übrigens im „Dichtermüttergrab" mit Mörikes Mutter. Zwei von Schillers Schwestern starben früh: Die 1768 geborene Marie Charlotte erlag einer Lungenentzündung. Seine 1773 geborene Schwester Beate Friederike hat Schiller nie gesehen. Sie starb als Säugling, während er in der militärischen „Pflanzschule" kaserniert war.
Einen Kosenamen hatte Schwester Karoline Christiane: Nanette. Oder, wie Schiller gern sagte: Nane. 1777 geboren, war sie drei, als Schiller sie zum ersten Mal sah – und staunte: Sie muss ihm in jeder Hinsicht ähnlich gewesen sein! Fünfzehn ist sie, als sie mit ihrer Mutter zu ihrem Bruder nach Jena reist: Sie liebt das Theater, will Schauspielerin werden. Aber sie stirbt mit noch nicht einmal neunzehn, unverheiratet. Beigesetzt wurde sie neben ihrem nur zwei Monate vor ihr verstorbenen Vater auf dem Kirchhof in Gerlingen.

Mir ihr pflegte Schiller einen regen Briefwechsel: Seine zwei Jahre ältere Schwester „Fine".

Schillers jüngere Schwester Luise schmiss vorübergehend den Haushalt des Bruders und seiner hochschwangeren Lotte.

„Nane", das Nesthäkchen, war fasziniert von der Bühne wie der große Bruder. Sie starb aber jung.

Aha

Eliteschule für Prügelknaben

Wie gern wäre Schiller Theologe geworden! Schon als Kind hat er mit der schwarzen Schürze der Schwester Prediger gespielt. Selbst der Vater, der treue Offizier, setzt sich ein. Aber keine Chance: Ein Machtwort des Fürsten – und Fritz landet in dessen „Militärischer Pflanzschule".

Friedrich ist dreizehn, als das Kasernenleben für ihn beginnt: Im Sommer schon um fünf, im Winter um sechs die Uniform anlegen – Kniehose, Gamaschen, Rock, dabei Perücke und Dreispitz nicht vergessen! Der ganze Tag durchgetaktet bis zum Schlafengehen um 21 Uhr. Alles unter Kontrolle, selbst der Spaziergang in Gruppen.
Und wehe, es tanzt einer aus der Reihe! Dann gibt es Strafzettel, von denen Fritz in den ersten Jahren nicht wenige bekommt. Schon heimliche Lektüre, etwa von Goethes „Werther", kann ausreichen für Strafen aus dem Sortiment von Schlägen über Essensentzug bis Karzer.
Gar nicht gern sieht es der Herzog, wenn die freiheitlichen Gedanken der Aufklärung in seine Zuchtanstalt eindringen; hier ist absoluter Gehorsam, eiserne Disziplin

Der Übervater, dem Schiller die Macht des Wortes entgegensetzte: Herzog Carl Eugen von Württemberg, Gemälde von Pompeo Batoni, 1753 – Württembergische Landesbibliothek, Stuttgart

und beinharter Wettbewerb gefragt. Wenn allmonatlich die Besten als „Generalisten" gewürdigt werden und der Supercrack ein Schulterband bekommt, ist Schiller lange nicht dabei.
Weil Carl Eugen sich als Vater seiner Zöglinge fühlt, kappt er die Verbindung zu deren Elternhäusern: Besucher unerwünscht, Frauen außer Müttern schon gar nicht, und Urlaub nur ausnahmsweise. Stattdessen kann es passieren, dass der Herzog plötzlich des Nachts im Schlafsaal steht. Das mittägliche Kommando zum Essen fassen, immer sechs Schüler aus einer Schüssel, gibt er höchstpersönlich – auf Französisch: *Dinez, messieurs!*
Aber Schiller ist ein Kämpfer, einer, der schon mit 15 die Kühnheit besitzt, seinem Herrscher, wenn auch in höflichster Form, zu widersprechen: „Darf ich mich also unterstehen", schreibt er in einem Brief an den Herzog, „meine Gedanken in das edle Herz meines gnädigsten Fürsten auszuschütten?"
Ein kleiner Trost: Wo junge Menschen gemeinsam leiden, wachsen oft Freundschaften fürs Leben. So ist es auch bei Schiller. Einer von seinen lebenslangen Freunden heißt Friedrich Wilhelm von Hoven. Als Kinder benachbarter Offiziersfamilien hatten die beiden schon als kleine Jungen miteinander gespielt. Beide hatten sie Theologie studieren wollten, beide dann aber erst Juristerei und dann Medizin studiert, und beide liebten sie (und schrieben) Gedichte.

Horror in lieblicher Landschaft: die „Hohe Karlsschule" hinter dem Neuen Schloss in Ludwigsburg

Aha

Das Lehrer-Idol

1776. Schiller steht in seinem 17. Lebensjahr und ist wie ausgewechselt: nicht mehr schüchtern, sondern entschlossen, fast mutwillig. Was ist geschehen?

Zum einen: Er hat das Studienfach gewechselt. Schluss mit der ungeliebten Juristerei. Mit ihrem Umzug nach Stuttgart hat die Schule auch einen medizinischen Zweig bekommen – und Schiller greift zu. Vom Wissen über Leib – und Seele – des Menschen verspricht er sich größeren Nutzen für seine wahren, die literarischen Ambitionen. Es dauert nicht lange, bis seine schulischen Leistungen zu den besten gehören. Die neue Kraft hängt auch mit einem jungen Lehrer zusammen, der in der Klasse der Mediziner den Philosophie-Unterricht gibt: Professor Jakob Friedrich Abel.
Selbst erst Mitte 20, muss Abel eine große Ausstrahlung gehabt haben. Weil ein klein gewachsener Mensch angeblich nicht für eine Militärakademie tauge, war er dem Herzog auf der Suche nach den besten Lehrern für seinen neuen Schulzweig zwar nicht vorgeschlagen worden. Doch der Herzog maß die Tauglichkeit eines Professors der Philosophie nicht „nach der Elle".

Zum Glück für Schiller und dessen Schulkameraden! Sie kamen in den Genuss eines Lehrprogramms, das Abel in einem Entwurf für den Herzog eine „Philosophie des gesunden Verstandes zur Bildung des Geschmacks, des Herzens und der Vernunft" nannte. Entsprechend verlief der Unterricht bei dem jungen Lehrer, den die Schüler wie einen Freund empfanden: Er dozierte nicht am Pult, sondern lief im Raum umher. Nicht Verkündung und anschließende Begründung war seine Methode; nein, er ließ die Schüler über die Sammlung von Beobachtungen selbst zu Erkenntnissen kommen. Als Abel im Dezember 1776 bei der Jahresabschlussfeier der Karlsschule die Festrede hielt, hingen alle an seinen Lippen. Er sprach über das Genie und darüber, ob große Geister erzogen oder geboren werden. Sturm und Drang!
Die Rede hat Schiller für sein Leben geprägt. Abel hat die Stirn, im Beisein des Herzogs die schlimmen Folgen des Machtmissbrauchs für die Entfaltung von Genies anzuklagen! Von dort zu Schillers großem Coup „Die Räuber" gibt es eine gerade Linie, und auch aus späteren Werken Schillers blitzt immer wieder ungenannt der Name Abel.

Starke Dosen

Als Regimentsarzt ist Schiller nicht zimperlich. Die von ihm behandelten Grenadiere haben wenig zu lachen. Leidtragende Zeitgenossen berichten, Schiller habe in seinem Lazarett oft „Kraftstücke" geliefert. So habe er etwa gewaltige Dosen von Brechmitteln verordnet.

Schiller geht hier durchaus selbstironisch mit sich um. In einer anonym verfassten Eigenrezension seiner „Räuber" schreibt er über sich: „Der Verfasser soll Arzt in einem württembergischen Grenadier-Bataillon sein", er liebe „starke Dosen", so dass der Rezensent gesteht, „ich möchte ihm lieber zehen Pferde als meine Frau zur Kur übergeben."

Das mag humoristisch klingen, hat aber doch einen bedenklichen realen Hintergrund. Nicht nur Schillers Ausbildung als Arzt lässt zu wünschen übrig – die Medizin der Zeit befindet sich insgesamt in einem beklagenswerten Zustand. Eine Anästhesie gibt es nicht; Operationen und Amputationen werden bei vollem Bewusstsein durchgeführt, allenfalls verschaffen Unmengen von Alkohol eine gewisse Betäubung. Schillers selbstironische Bemerkung verrät noch ein Übriges: Er fühlt sich alles andere als glücklich in seinem Beruf.

In der ARD-Verfilmung „Schiller" spielt Matthias Schweighöfer den Regimentsarzt Dr. Friedrich Schiller, der sich mehr dem Schreiben als den Patienten widmet.

Aha

„Kastratenjahrhundert!“

„Mir ekelt vor diesem tintenklecksenden Säkulum, wenn ich in meinem Plutarch lese von großen Menschen“. Das ist der erste Satz des Räubers Karl Moor in Schillers Erstling. Wie bitte?

Da präsentiert dieser Schiller uns einen Räuber, der antike Schriftsteller liest und sich über die Situation der Literatur in seinem Jahrhundert beschwert! Tatsächlich empfindet Schiller die Literatur seiner Zeit als „Tintenkleckserei“ – wertloses Geschreibsel, verglichen mit den Heldengeschichten des großen Griechen Plutarch.

Auch Caspar David Friedrich war von Schillers Räubern angetan: Diese Zeichnung der Schlussszene der „Räuber“ von 1799 stammt aus seinem Kopenhagener Skizzenbuch.

Auch heute noch ein aktueller Stoff: Schillers „Räuber" in einer Inszenierung des Berliner Ensembles

Als Schüler und Student hat sich Schiller ein ungeheures Wissen angeeignet. Doch das Zeitalter der „Aufklärung" ist angebrochen und viele Autoren – in der guten Absicht, das Volk über seine Rechte „aufzuklären" – verfassen allerlei moralisierende, aber langweilige Schriften. Etwa wie man sich zu verhalten habe, damit man „in den Himmel komme". Das ist Schiller zu fad. Er fühlt sich als „Kraftgenie" und lässt seinen Karl Moor ausrufen: „Pfui über das schlappe Kastratenjahrhundert!" Es gibt keine richtigen „Kerle" mehr!

Der riesige Erfolg der eigentlich mit Bildungsgütern völlig überladenen „Räuber" hat genau hier seine Ursache: In unerhörter Heftigkeit und Direktheit lässt Schiller eine Szenerie entstehen, die das Theaterpublikum in Ekstase versetzt. Ein Augenzeuge der ersten Vorstellung berichtet: „Das Theater glich einem Irrenhause, rollende Augen, geballte Fäuste, stampfende Füße, heisere Aufschreie im Zuschauerraum!"

„Der verlorene Sohn" – so wollte Schiller sein Stück ursprünglich nennen, nur dass sein Held im Gegensatz zum biblischen Vorbild die Verzeihung seines Vaters wegen der Machenschaften seines schurkischen Bruders nicht erhält. Feindliche Brüder – das ist an sich schon ein spannendes Motiv. Hier wird nun der eigentlich „gute" aus Verzweiflung zum Verbrecher, aber einem, dem – wahrscheinlich zum ersten Mal in der Theatergeschichte – die Herzen des Publikums zufliegen. Der erwähnte Augenzeuge empfand die Vorstellung denn auch als ein „Chaos, aus dessen Nebeln eine neue Schöpfung hervorbricht!"

Aha

Das Fiasko mit Fiesco

Wenn es Schiller einmal gelang, zusammen mit seinen Stubenkameraden nachts der strengen „Pflanzschule" Richtung Bopserwald zu entkommen, trug er ihnen aus seinem heimlich verfassten Stück „Die Räuber" vor.

Die Mitschüler, anfangs wohl begeistert, gerieten jedoch „durch den Ausbruch seines Affekts in Bestürzung". Später hatten auch andere Zuhörer Probleme mit Fritzens Vortragskünsten.

Die „Räuber" sind inzwischen in Mannheim uraufgeführt worden, und Schiller hat – trotz Schreibverbots – ein neues Stück fertig: „Die Verschwörung des Fiesco zu Genua". Nun möchte er testen, wie das Publikum das Stück aufnimmt, und wagt, zusammen mit seinem Freund Andreas Streicher, die Flucht nach Mannheim.

Dort organisiert der Theaterdirektor Meyer eine Lesung, zu der er zahlreiche Schauspieler einlädt. Schiller beginnt vorzutragen – doch der Funke will nicht überspringen. Schiller wird lauter und immer pathetischer. Seine Stimme überschlägt sich. Die Zuhörer werden ungeduldig, fangen an zu tuscheln oder verlassen murrend den Saal. Das sei ja wohl ein schreckliches Machwerk, meint der Theaterdirektor zu Streicher – worauf dieser ihm das Manuskript zu lesen gibt. Meyer, ein Profi, erkennt jetzt die Qualität des Stückes und erklärt sich bereit, Regie zu führen.

Auch später, in Thüringen und Sachsen, kommt Schiller bei Lesungen mit seinem schwäbischen Dialekt nicht gut an, besonders dann nicht, wenn er sich in einen heftigen Enthusiasmus hineinsteigert.

Besser wird es ihm bei seinen philosophischen und historischen Vorlesungen an der Universität Jena ergehen, wo er mit seiner Leidenschaft die jungen Hörer ansteckt und zu wahren Begeisterungsstürmen hinreißt.

Zurück zum Bopserwald: Dort wurde auf einer Aussichtsplattform später eine Schiller-Eiche gepflanzt. Vielleicht entdeckt der Wanderer im Wald auch einen Findling mit der Inschrift: „Schillers Räuber 1782–1932". Er erinnert an ein Freilichttheater, in dem bis ca. 1935 neben den „Räubern" auch „Wilhelm Tell" und andere Stücke Schillers aufgeführt wurden.

Schiller liest im Bopserwald aus seinen „Räubern“ vor.
Aquarell von Viktor Wilhelm Peter Heideloff, 1778

Flucht mit Kutsche und Klavier

„Ich bin noch nicht ein und zwanzig Jahr alt, aber ich darf es Ihnen frei sagen, die Welt hat keinen Reiz für mich mehr.“ So schreibt Schiller im Juni 1780 an seinen Vater. Und es kommt noch schlimmer: „… wünscht ich als Kind gestorben zu sein.“

Das nennt man wohl Depression. Und die hat Gründe: der Drill der Militärakademie, das heimliche Schreiben im Krankenzimmer, weil es nur dort auch des Nachts Licht gibt; die Selbstmord-Gedanken des dort krank liegenden Freundes Grammont, bei dessen Flucht von der Schule Schiller angeblich Komplize ist, und schließlich der Tod des jungen August von Hoven, Bruder seines engen Freundes Wilhelm.

Seiner Schwester Christophine schreibt Fritz, sie müsse demnächst vielleicht die Eltern trösten, bittet aber immerhin am Ende des Briefes unter anderem um „Federkiele“ – zum Schreiben natürlich. Beim Stiftungsfest im Dezember des Jahres erscheint er dann erstaunlich aufgeräumt. Liegt es daran, dass er trotz des Schreibverbots „Die Räuber“ fertig hat?

Es ist bei dieser Gelegenheit, dass sich Andreas Streicher, Musiker und zwei Jahre jünger als Schiller, man möchte fast sagen: in Schiller verliebt. Die rötlichen Haare, das Lächeln beim Sprechen, die „schön geformte Nase“, der „kühne Adlerblick“ – das alles hinterlässt bei Streicher einen so „unauslöschlichen Eindruck“, dass er zwei Jahre später alles für Schiller hergeben wird: Das Geld für das Musikstudium bei Carl Philipp Emanuel Bach in Hamburg, von der Mutter für den begabten Sohn zusammengespart, wird er opfern, um eine Kutsche zu mieten und dem Freund zur Flucht aus den Fängen des Herzogs zu verhelfen. Da sind „Die Räuber“ bereits in Mannheim aufgeführt worden, und

Schiller hat sich heimlich aus Stuttgart entfernt, um dabei zu sein, wie das begeisterte Publikum seinen „deutschen Shakespeare“ entdeckt.
Als Schiller, der nun auf einen Job am Theater Mannheim hofft, sich noch einmal heimlich ins kurpfälzische „Ausland“ (!) entfernt, fliegt er auf: Arrest! Wieder schreibt er, diesmal am „Fiesco“. Als ihm auch das verboten wird, gibt es für ihn nur noch eines: Flucht!
22. September 1782: Der Fluchttag ist mit Bedacht gewählt. Auf der Solitude soll zu Ehren des russischen Großfürsten und späteren Zaren Paul ein gigantisches Feuerwerk inszeniert werden. Da werden alle in den Himmel schauen und niemand auf die Kutsche, die bereits beladen ist – einschließlich Streichers Klavier. Streicher kommt, um Schiller abzuholen. Aber der hat beim Verpacken seiner Bücher Oden von Klopstock gefunden und eine Gegen-Ode gedichtet. Es hilft nichts: Streicher muss erst das Klopstock-Gedicht anhören und dann Schillers.
Doch die Flucht gelingt. Unterwegs kann Schiller dem Freund in der durch das Feuerwerk erhellten Nacht sogar zeigen, wo seine Eltern wohnen. Die Mutter, in letzter Minute eingeweiht, hat geweint. Und tatsächlich wird der Sohn nur noch einmal zurückkehren.

„Schiller auf der Flucht mit seinem Freunde Streicher“, Gemälde von Joseph Karl Stieler (1781–1858)

Aha

„Beim Beyschlaf gebraust"

Lange nach seiner Zeit in der Karlsschule gesteht Schiller, er sei wegen der dortigen Isolation „unbekannt mit dem schönen Geschlecht" geblieben. Und was ist mit den wilden Obszönitäten der „Räuber"?

Angeblich sind die Szenen aus seinem Dramen-Erstling wie auch seine frühen unflätigen Gedichte keiner Erfahrung, sondern lediglich der Fantasie entsprungen. Verständlich, dass er nach der Entlassung aus der strengen Schule Nachholbedarf hat!

Vom Lob der Sittlichkeit und der „Würde der Frauen", die Schiller in seinen späten großen Gedichten preist, ist in diesen frühen Jahren kaum etwas zu spüren, jedenfalls nicht in seinem echten Leben: Da tobt er sich richtig aus. Auf Schönheit und Anstand legt er keinen Wert, er gibt sich mit „garstigen Weibern" ab. „Soldatenweiber, auch en compagnie", sprich: zum Gruppensex, dürfen es sein. Er berauscht sich mit „kratzenden Weinen" und „schlechtem Schnupftabak". Wenn keiner zur Verfügung steht, berichten Jugendfreunde, kratzt er sich als Ersatz Staub von den Wänden.

Beim „Beyschlaf" soll er „gebraust und gestampft" haben. Und dann gibt es da noch eine merkwürdige Affäre mit seiner 30-jährigen Stuttgarter Hauswirtin, einer gewissen Louise Dorothea Vischer. Die Frau, von Zeitgenossen als „gänzlich verwahrlostes Weib" und „wahre Mumie" beschrieben, hat sich wohl mit so manchem Mieter eingelassen, sogar mit Minderjährigen; aber Schiller ist wohl der Einzige, der sie in Gedichten als seine „Laura" besungen hat. Trotz manch „schlüpfriger Stelle", die sich darin nach eigener Aussage findet, ist doch schon der spätere Frauenverehrer erkennbar:

Meine Laura! Nenne mir den Wirbel,
Der an Körper Körper mächtig reißt,
Nenne, meine Laura, mir den Zauber,
Der zum Geist gewaltig zwingt den Geist.

Kein Wunder, dass die Frauen ihm zu Füßen lagen: Friedrich Schiller in jungen Jahren

Ein elender Wurm

Wir kennen das Thema aus unzähligen geschriebenen und verfilmten Schnulzen: die Liebe zwischen einem Sohn aus reichem Hause und einem armen Mädchen. Nichts Neues! Das gab es im 18. Jahrhundert auch schon. Nur besser, jedenfalls wenn es von Schiller war.

Bei ihm heißt es „Kabale und Liebe" und ist ein „bürgerliches Trauerspiel", das bis heute das Publikum ins Theater lockt. Hier liebt ein Adliger eine Bürgerliche. Das Stück spielt „am Hofe eines deutschen Fürsten, 18. Jahrhundert". Das ist mutig. Als Lessing einige Jahre zuvor ein Stück vorgelegt hatte, in dem ein Prinz ein ehrbares bürgerliches Mädchen zu seiner Geliebten machen will, hatte er die Geschichte noch vorsichtshalber nach Italien verlegt, um seine Kritik am absolutistischen Verhalten deutscher Fürsten nicht allzu offen zu zeigen. Und auch das ist anders als bei Lessing: In Schillers Stück lieben sich Ferdinand, der Sohn eines adligen Präsidenten, und Luise, die Tochter eines bürgerlichen Musikers namens Miller, tatsächlich. Letztlich aber scheitern sie an Kabalen, sprich Intrigen. Daher der Titel des Stücks, das Schiller ursprünglich „Luise Millerin" nennen wollte. Doch der einflussreiche Theatermann Iffland plädierte für den heute noch geläufigen Titel.
Die Handlung wirkt einigermaßen konstruiert: Luise wird gezwungen, einen Liebesbrief an den Hofmarschall von Kalb zu schreiben. Der Brief wird Ferdinand zugespielt und lässt ihn an der Treue der Geliebten zweifeln. Erst als beide nach dem Genuss einer vergifteten Limonade im Sterben liegen, erkennen sie ihren Irrtum.
Doch Figuren und Szenen sind einfach grandios! Da möchte der alte Musikus Miller seiner Frau, die sich durch den Umgang der Tochter mit einem Adligen geschmeichelt fühlt, am liebsten sein Violoncello über dem Kopf zertrümmern. Da ist der kriecherische Sekretär mit dem sprechenden Namen Wurm, der sich die üblen Intrigen ausdenkt. Eine so gar nicht typische Mätresse ist die großartige Lady Milford, und der Hofmarschall von Kalb ist ein derart alberner Gockel, dass man sich fragt, wie Ferdinand ihn allen Ernstes für einen Nebenbuhler halten kann! Kein Wunder, dass Schiller, als er später Charlotte

Sekretär Wurm zwingt Luise, einen Liebesbrief an den Hofmarschall von Kalb zu schreiben

von Kalb kennenlernte, sich bemühte, den Namen des Hofmarschalls in seinem Stück zu ändern! Vergeblich.
Das Stück hatte auch dank seiner kraftstrotzenden, auf keiner seriösen deutschen Bühne so jemals zuvor gehörten Sprache, Furore gemacht. Vom Publikum begeistert aufgenommen, wurde es selbst an Fürstenhöfen gespielt. Die preußische Königin soll sich „fürstlich amüsiert" haben. Goethe weniger. Er hat wohl gemerkt, welch revolutionäres Potenzial des Autors Behauptung birgt, das Bürgertum sei dem Adel moralisch überlegen!
Und in diesem Punkt war er empfindlich …

Populärer Irrtum

Ein humorloser Trinker?

Eine weit verbreitete Ansicht lautet, Schiller sei völlig humorlos gewesen. Wahr ist, dass der große Dichter oft nicht auf der Sonnenseite des Lebens stand. Seine harte Jugend hat ihn ebenso geprägt wie seine vielen Krankheiten. Es gibt kein Bild von ihm, auf dem er auch nur lächelt.

Aber Schiller hatte durchaus Humor. Ein schönes Beispiel ist das Gedicht „Bacchus im Triller", das er mit 22 Jahren schrieb. Es besteht aus drei Strophen, die alle mit den Versen beginnen:

Trille! Trille! blind und dumm,
Taub und dumm,
Trillt den saubern Kerl herum!

Drehhäuschen aus La Neuveville, Kanton Bern/Schweiz, ca. 1790

Ein „Triller“ ist ein runder Gitterkäfig, eine Art senkrechtes Hamsterrad. Da hinein steckte man Delinquenten, um sie der öffentlichen Schande preiszugeben: Jeder, der vorbeikam, durfte daran drehen und den „Insassen“ verspotten. Ein menschenunwürdiges Spektakel also, vergleichbar einem Pranger!
In Schillers Drehkäfig aber steckt Bacchus, der Gott des Weines. Ihm soll es ergehen wie denjenigen, die er zum übermäßigen Trinken verführt.

Manchen hast du umgetrillet,
Manchen klugen Kopf berülpet,
Manchen Magen umgestülpet.

Gar mancher Trinker habe im Vollrausch „Gottes gelbe Sonne / Für die Heidelberger Tonne“ gehalten, ihm seien die Beine weggeknickt und er habe unter Ohrensausen gelitten. Deshalb solle es auch Bacchus so gehen, er wird am Ende aufgefordert:

Soll dich nicht der Triller treiben,
Laß die Narrenspossen bleiben!
Hast's verstanden? Denk an mich!
Wüster Vogel! packe dich!

Nun, Schiller wusste, wovon er sprach. Er stand dem Alkoholgenuss nämlich keineswegs feindlich gegenüber. Da er aber wenig vertrug, hat er das Gedicht wohl auch als eine Art Selbstschutz geschrieben ...

Aha

Das dreifache Lottchen

Schiller und die Frauen – das ist ein wahrhaft schillerndes Kapitel, vor allem was die Lotten betrifft! „Charlotte", abgekürzt „Lotte", ist damals ein beliebter Frauenname; auch Goethe haben es bekanntlich gleich zwei Lotten angetan. Doch Schiller toppt ihn.

Dreimal hat Schiller sich heftig in eine Charlotte verliebt. Bereits 1783 in Bauerbach fasst er eine schwärmerische Zuneigung zu der 17-jährigen Charlotte von Wolzogen, Tochter seiner Gönnerin Henriette von Wolzogen, mit deren Sohn Wilhelm er zur Schule gegangen ist. Der junge Dichter schickt der Mutter einen ziemlich verworrenen Werbebrief. Die ist so wenig begeistert wie die Tochter, die bereits einen adligen Verehrer hat. Auch ein offizieller Antrag ein Jahr später kann die Damen nicht umstimmen.

Wenig angetan von Schillers Liebesgeständis: Charlotte von Wolzogen

Ganz anders: Charlotte von Kalb, die Schiller heftig verehrt

Diese „Lotte“ nahm Schiller zur Frau: Charlotte von Lengefeld

Bei einer anderen Charlotte läuft es eher umgekehrt: Charlotte von Kalb, die Schiller in Mannheim kennen lernt, ist verheiratet, betrachtet ihre Ehe jedoch als „Frost, Erstarren“. Sie verehrt Schiller so sehr, dass sie ihrem ersten Sohn dessen Vornamen gibt, und fördert ihn, wo immer sie kann. Schiller, beeindruckt, lässt sich auf ein heftiges Liebesverhältnis ein.

Als er nach Weimar kommt, ist Charlotte schon da. Die beiden gelten in der Residenzstadt als Paar. Sie will sich scheiden lassen, um Schiller zu heiraten. Aber da schreckt Schiller zurück – und er hat einen guten Grund: Inzwischen hat er Charlotte Nr. 3 kennengelernt! (Dieser Charlotte gebührt ein eigenes Kapitel!)

Charlotte von Kalb verbindet sich später mit dem Dichter Jean Paul, hat aber nie aufgehört, Schiller zu lieben. Noch im hohen Alter schreibt sie, Schiller sei der Mensch gewesen, mit dem sie hätte leben wollen.

Aha

„Eines Freundes Freund“

Kein Wunder, dass Schiller die „Ode an die Freude“ in Leipzig schreibt! „Wem der große Wurf gelungen, eines Freundes Freund zu sein“ – hier erlebt er, was das heißt. Denn hier findet er einen Freund fürs Leben: Körner!

Aber der Reihe nach. Schiller ist in Mannheim. „Zerstört und zerschlagen“ – fühlt er sich. Wie soll es nur weitergehen? Kein Geld, kein Gönner! Da erreicht ihn ein Brief aus Leipzig: Ein gewisser Christian Gottfried Körner, Bewunderer seiner Werke, lädt ihn ein. Schiller hat keine Ahnung, wer das ist, aber ist so am Ende, dass er die Einladung annimmt. Zum Glück! Denn es beginnen, wie er später schreibt, 14 Monate „voller Freundschaft, Anhänglichkeit und Liebe“. Körner ist erfolgreicher Jurist und Liebhaber der schönen Künste. Mit den Schwestern Minna (seiner späteren Frau) und Dora Stock und seinem Kollegen Huber bewohnt er in Leipzig ein großzügiges Haus.
Die Schwestern finden Gefallen an dem schüchternen, rotblonden Jüngling Schiller; der taut bald auf und fasst Pläne. Körner bringt Schiller auch mit einem Verleger zusammen: Georg Joachim Göschen wird fortan die meisten Werke des Dichters verlegen.
Es sind glückliche Tage. Frühmorgens wandert Schiller durch die Wiesen und sammelt Gedanken für seine Arbeit am „Don Carlos“ und an der „Thalia“. Nach einer Schreibphase macht er nachmittags wiederum lange Spaziergänge. Die Abende sind dann der Geselligkeit gewidmet.
Eines ist Schiller jedoch unangenehm: Er kann der Unterstützung durch die neuen Freunde nichts entgegensetzen. Körner, feinfühlig, bemerkt es. Sein Vorschlag: Schiller könne ja, wenn er berühmt und „im Überfluss“ sei, alles mit Zinsen zurückgeben! Gekommen ist es dazu nie, denn Schiller konnte schlecht mit Geld umgehen. Aber die Freundschaft mit Körner hält das aus.
Nach der Hochzeit mit Minna zieht Körner nach Dresden. Da fühlt Schiller sich „einsiedlerisch, traurig und leer“. Als er bei einem Ausritt auch noch einen Unfall mit einer Quetschung der Hand erleidet, die ihn wochenlang am Schreiben hindert, beschließt er, ebenfalls nach Dresden zu ziehen.
Wieder wird er mit Freude in den Kreis um Körner aufgenommen. In einem

Gartenhaus richten ihm die Freunde eine Wohnung ein, in der er ungestört dichten kann. Doch der „schwarze Genius der Melancholie" holt Schiller wieder ein. Die finanzielle Abhängigkeit macht ihn ganz krank. Seine Hoffnung: Der Weimarer Herzog Carl August hat ihm einen Ratstitel verliehen: Vielleicht kann er ja in Weimar Karriere machen! Und dann schreibt ihm auch noch Charlotte von Kalb, sie würde sich freuen, wenn er nach Weimar käme ...

Friedrich Schiller und sein Freund und Gönner Christian Gottfried Körner in Loschwitz, historische Illustration

Schiller, der Komiker

Wer Schiller sagt, denkt Dichter. Er denkt nicht Mediziner, Historiker, Philosoph – was er alles auch war – und schon gar nicht Zeichner.

Es mögen keine Meilensteine der Bildenden Kunst sein, die beschwingten kleinen Gelegenheitszeichnungen, die Schiller zu Papier brachte; aber sie zeigen, dass der oft kränkelnde und dann melancholisch gestimmte Dichter in der richtigen Stimmung auch anders konnte. In einer solch heiteren Stimmung war er in seiner Dresdner WG mit Körner und dessen Freund Huber. Körner hat Geburtstag, und die beiden Freunde verehren ihm ein Bändchen mit Zeichnungen von Schiller samt Kommentaren von Huber. Sogar kleine Bildergeschichten sind dabei: Schiller als Comic-Zeichner! Wie heiter der vermeintlich so strenge Schiller sein kann, zeigt das selbstironische Selbstporträt, in dem er sich auf dem Kopf stehend zeichnet.
Huber dazu: „Fig. 2 ist der berühmte Dichter, Körners adoptiver Sohn, welcher hier abgebildet ist, wie ihn verschiedene vernünftige Leute sehen". Eine anrührende Bemerkung, die nicht nur zeigt, wie wohl sich Schiller fühlt, sondern auch, dass der gerade einmal drei Jahre ältere Körner mehr ist als ein Freund: Er ist eine Vaterfigur für Schiller, mehr als der leibliche Vater!

Komödie gegen Verstopfung

Schiller ist bekannt für seine gewaltigen Dramen. Was viele nicht wissen: Er konnte auch Komödien! Insider kennen da eine ganz bezaubernde, die aber angesichts der Theatralik von Schillers großen Werken nicht „ernst genommen" wurde.

Die glücklichen Monate in Leipzig und Dresden zeigen Schiller von einer heiter-gelösten Seite: Nicht nur, dass er kleine Cartoons zeichnet; er schreibt auch ein Lustspiel! Er selbst tritt darin auf; auch Körner und die anderen Freunde spielen mit. Das Ganze wird 1787 an Körners 31. Geburtstag im privaten Kreis aufgeführt. Einen Titel hat das Stück nicht, wird aber später als „Körners Vormittag" abgedruckt.
Satirisch nimmt Schiller darin eine Schwäche Körners aufs Korn: dessen Zögerlichkeit, etwas Begonnenes fertig zu stellen. Auch andere Zeitgenossen berichten von Körners „Verstopfung" und meinen dessen Schreibhemmung. Dass der gutmütige Freund ihm die kleine Kritik nicht übelnehmen wird, weiß Schiller genau.
Die Handlung ist schlicht: Körner will sich rasieren lassen, kommt aber nicht dazu, weil ständig irgendwelche Freunde, Bittsteller, Diener, Schuhmacher, sogar ein Theologe hereinplatzen und ihn mit Forderungen, Bitten und Anfragen behelligen. Am Ende verpasst er deswegen eine wichtige Sitzung, kann aber zufrieden feststellen, immerhin sei er rasiert worden.
Die „Posse", ein Einakter, wie er damals in Mode ist, ist durch ihren Aufbau und ihre flüssigen Dialoge ein kleines Meisterstück. Schade, dass Schiller sein komödiantisches Talent nicht weiterentwickelt hat!

Die heimliche Nationalhymne

Für die Chöre der Welt sind es Sternstunden, wenn sie die „Ode an die Freude" singen dürfen. Es ist ergreifend, wie Beethoven Schillers Gedicht von 1785 in Musik übersetzt hat.

Was für ein Gegensatz zu Schillers noch kurz zuvor entstandenem Gedicht „Resignation"! Die heitere Stimmung in der WG hat die trüben Gedanken verscheucht! Schiller fühlt sich körperlich wie seelisch wohl und hat wegen der Großzügigkeit von Freund Körner auch ausnahmsweise keine Geldsorgen.
Da möchte er die ganze Welt umarmen:

Freude, schöner Götterfunken,
Tochter aus Elysium,
Wir betreten feuertrunken,
Himmlische, dein Heiligtum.
Deine Zauber binden wieder,
Was die Mode streng geteilt,
Alle Menschen werden Brüder,
Wo dein sanfter Flügel weilt.

Schon in dieser ersten Strophe steckt der ganze Schiller. Die Freude erscheint uns als Person, als „Tochter aus Elysium"; mit ihr betreten wir jene Gefilde, in denen nach der griechischen Mythologie nur besondere Menschen wohnen. Die Prachtstraße von Paris heißt ja nicht umsonst „Champs Elysées": Elyseische Felder. Die trennende „Mode“ hat allerdings nichts mit Pariser Chic zu tun. Schiller verwendet den Begriff für alles, was trennt: arm und reich, bürgerlich und adlig. Die Freude hebt diese Trennung auf – mit dem schönen Ergebnis: „Alle Menschen werden Brüder“.

Und wo bleiben die Schwestern? Die feministische Empörung, die die Zeile in neuerer Zeit ausgelöst hat, übersieht leider, dass es in einer früheren Fassung heißt: „Bettler werden Fürstenbrüder“. Mit Männern und Frauen hat die Trennung, die das Gedicht anspricht, nichts zu tun. Schiller geht es um die Aufhebung der Standesschranken – vier Jahre vor der Französischen Revolution! In den weniger bekannten späteren Strophen wird es dann manchmal unfreiwillig komisch. So, wenn der Dichter mit „Freude sprudelt in Pokalen“ den Wein preist und schreibt: „In der Traube goldnem Blut / Trinken Sanftmut Kannibalen“. Aber gesungen und zitiert werden heute ohnehin nur noch die ersten Strophen in der leicht veränderten Anordnung Beethovens.

Zwar hatten schon zahlreiche Komponisten vor Beethoven den revolutionären Impuls der Hymne erkannt und sie vertont, als allererster übrigens Schillers Freund Körner; aber es war der Schlusschor von Beethovens Neunter, der Schillers Gedicht zu einem Megahit machte.

Bis heute ist es in dieser Fassung die Freiheitshymne schlechthin und in der Instrumentalversion eine Art heimlicher Nationalhymne. So bei den Olympischen Spielen 1956 bis 1964, als die Bundesrepublik und die DDR mit gemeinsamen Mannschaften antraten. Seit 1992 ist die Melodie offizielle Hymne des Europarats.

2015 war es, als Chormitglieder des Staatstheaters Mannheim eine Strafanzeige erhielten, weil sie die Hymne vom Theaterbalkon gesungen hatten, um eine AfD-Demonstration zu stören. Ach, Herr Polizeipräsident! Mussten Sie das unserem Dichter der Freiheit antun?

„All together we can change the future for a better world“: Zum 250. Beethoven-Geburtstag hat die Gruppe Consolidation neue Versionen der „Ode to Joy“ produziert. Der junge Chor NRW verbindet auf Deutsch gesungene Elemente des Schillers-Textes mit neuen englischen Passagen, vorgetragen von Rufus Martin.

Ménage à trois

Da ist eine Geschichte in Schillers Leben, die bis heute die Fantasie beflügelt: seine Beziehung zu den Schwestern von Lengefeld, die ihn beide liebten und die auch er beide liebte.

Sie beginnt mit Henriette von Wolzogen. Henriette mag Fritz Schiller, einen Freund ihres Sohnes Wilhelm. Als er von der Akademie fliehen muss, bietet sie ihm an, auf ihrem Hofgut Bauerbach im Süden Thüringens unterzutauchen. 1782 trifft Schiller dort ein.

Wilhelm von Wolzogen macht Schiller dann in Rudolstadt mit jenen zwei Frauen bekannt, die zuletzt durch den Kinofilm „Geliebte Schwestern" wieder ganz lebendig geworden sind: Caroline und Charlotte von Lengefeld. Sie sind Cousinen seines Schulfreundes.

In der Gesellschaft der Schwestern, beide im Sinne der Aufklärung erzogen und für Frauen der Zeit ungewöhnlich umfassend gebildet, fühlt Schiller sich so wohl, dass er in ihrer Nähe eine Wohnung nimmt. Er blüht auf, schreibt sein erstes Geschichtswerk über den Abfall der Niederlande von Spanien, arbeitet an einem Roman („Der Geisterseher") und freut sich auf die Abende mit den geliebten Schwestern. „Chère mère" Louise drückt zu dieser „Ménage à trois" ein Auge zu.

Problem: Caroline ist bereits seit drei Jahren verheiratet! Ludwig von Beulwitz ist zwar nicht ihr Traummann, aber er ist adlig, also „standesgemäß", – und betucht, was für die verwitwete Mutter sehr wichtig war. Caroline schwärmt für Schiller, ja sie möchte sich sogar scheiden lassen, und auch er fühlt sich stark angezogen von ihrem sprühenden Geist, ist aber erkennbar mit der ruhigeren, natürlicheren Charlotte, die gern liest, Klavier spielt und zeichnet, auf die Dauer besser beraten.

Der Sommer in Rudolstadt ist so schön, dass Schiller und die Schwestern schon über einen Hausstand zu dritt fantasieren, auf jeden Fall aber das

Ganze einen Sommer später wiederholen wollen. Doch da ist Schiller bereits Professor in Jena. Die Aussicht auf eine bürgerliche Existenz hat ihn den Ruf annehmen lassen. Jetzt fehlt ihm nur noch eine Frau.

Bei einem Besuch der Schwestern im damals angesagten Badeort Lauchstädt verrät Caroline ihrem Schwarm Schiller, dass ihre Schwester Charlotte ihn liebe. Schiller reagiert sofort und bittet Charlotte um ihre Hand. Er ist zwar (noch) nicht adlig, aber angesehener Professor und trägt seit 1784 den Titel „Hofrat“: Da gibt auch die Schwiegermutter ihren Segen. *Eine* unglücklich verheiratete Tochter ist ihr wohl genug. Die Hochzeit findet am 22. Februar 1790 in der Marienkirche (heute Schillerkirche!) in Wenigenjena statt – im ganz kleinen Kreis. Aber Caroline, die mit ihrem Mann in Scheidung lebt, ist natürlich dabei.

Fritz und seine Lotte richten sich in Jena ein und sind glücklich: „Wären wir beide nur gesund“, schreibt Schiller an Körner, „wir brauchten nichts weiter, um zu leben wie die Götter.“ Aber Schiller ist nicht gesund, und seine Frau – und deren Schwester – werden manche angstvolle Nacht an seinem Bett verbringen, auch seine letzte. Als Schiller 1805 im Alter von 45 Jahren stirbt, bleibt Charlotte mit vier Kindern im Alter von zwölf, neun, sechs und einem Jahr zurück. 1825 zieht sie zu Sohn Ernst nach Bonn, wo sie ein Jahr später nach einem Schlaganfall stirbt. Ihr Grab ist auf dem dortigen Alten Friedhof.

Zwischen zwei Frauen: Florian Stetter als Schiller mit Hannah Herzsprung als Caroline und Henriette Confurius als Charlotte während der Dreharbeiten zum Kinofilm „Die geliebten Schwestern“

Eine „stolze Prüde“

Die legendäre Freundschaft zwischen Schiller und Goethe, die auch literarisch so bedeutend war, ist nicht vom Himmel gefallen. Anfangs sind die beiden eher Konkurrenten. Der Ruhm des „Räuber“-Autors passt Goethe gar nicht.

Zurück von seiner Italienreise findet Goethe „Dichterwerke in großem Ansehen, die mich äußerst anwidern. Zum Beispiel die Räuber“. Schiller erscheint ihm „ein kraftvolles, aber unreifes Talent.“ Schiller jedoch will Goethe, den er nur einmal in der Stuttgarter Karlsschule gesehen hat (er und andere begabte Studenten durften Auszeichnungen aus der Hand des bereits berühmten Dichters entgegennehmen), gern näher kennen lernen.
Goethe aber verhält sich abweisend – auch als Schiller 1787 nach Weimar kommt, weil der Herzog Carl August ihn fördern möchte. „Ich vermied Schillern“, schreibt Goethe. „Seine Begriffe vom Ideal“ seien „überspannt und abenteuerlich“. Schillers Professur in Jena, für die Goethe sich einsetzt, ist denn auch eher eine Abschiebung.
Auch die Begegnung zwischen den Dichtern, die Schillers spätere Frau Charlotte von Lengefeld 1788 in Rudolstadt arrangiert, ist ein Flop. Schiller, äußerst frustriert: Goethe sei wie eine „stolze Prüde, der man ein Kind machen muß, um sie vor der Welt zu demüthigen“. (!)
Aber das sollte sich zum Glück – für die beiden und für uns – ändern!

Besonders harmonisch sieht das erste Treffen tatsächlich nicht aus: Schiller und Goethe im Lengefeldschen Garten zu Rudolstadt, Holzstich nach Zeichnung von Otto Günther (1838–1884)

Aha EXTRA

Brüder im Geiste

Ein gutes Gespräch führt die beiden sehr unterschiedlichen Geister Goethe und Schiller dann doch zusammen – und dies, obwohl Schiller ausgerechnet bei Goethes Lieblingsthema widerspricht.

Sechs Jahre nach der eher flüchtigen Begegnung in Rudolstadt kommen sich die beiden am Rande einer Tagung in Jena näher. Goethe doziert über die „Metamorphose der Pflanzen" und Schiller merkt kritisch an: „Das ist keine Erfahrung, das ist eine Idee". Trotz des Widerspruchs erkennt Goethe den kongenialen Geist Schillers – und akzeptiert ihn!

Auf dieser Sonderbriefmarke klebt zusammen, was zusammengehört.

Es soll dann eine sehr große Nähe werden, erst recht nach dem Umzug Schillers von Jena nach Weimar. Wenn sie sich nicht sehen, schreiben sie sich Briefe. In einer Widmung der Erstausgabe des Briefwechsels von 1828/29 nennt Goethe die tausend Briefe umfassende Korrespondenz mit dem 1805 verstorbenen Freund Schiller den vielleicht „größten Schatz", den er besitzt. Und, ebenfalls im Alter, sagt er zu Eckermann: „Es war ein Glück für mich, dass ich Schillern hatte. Denn so verschieden unsere beiderseitigen Naturen auch waren, so gingen doch unsere Richtungen auf eins, welches denn unser Verhältnis so innig machte, dass im Grunde keiner ohne den andern leben konnte".

Sie waren in der Tat sehr unterschiedlich, diese beiden, und nicht nur, weil Schiller Goethe um 14 cm überragte: Hier Schiller, der immer um alles kämpfen und ringen musste: die Freiheit, das Geld, die Gesundheit. Dort Goethe, der Liebling der Musen, der Fürsten, der Frauen. Hier der eine, der Gedankenfreiheit forderte; dort der andere, der sich manche Freiheit einfach nahm, aber so dezent war, seinen „Bettschatz" und den gemeinsamen Sohn August bei Schillers erstem Besuch in seinem Weimarer Haus am Frauenplan zwei Wochen lang vor dem Gast zu verstecken.

Seit der ersten Zusammenarbeit, als Goethe Beiträge zu Schillers Zeitschrift „Die Horen" lieferte, war der gegenseitige Respekt gewachsen. Mochte Goethe vielleicht der bessere Lyriker sein, weil Schiller das Ganze mit seiner „Gedankenlyrik" kopflastiger und weniger aus dem Augenblicksgefühl anging, so war bei den Balladen wie „Der Taucher" oder „Der Handschuh" Schiller der auch von Goethe bewunderte Star.
Einige von Schillers Eigenheiten, wie seine Vorliebe für das Kartenspiel und den Tabak, mochten Goethe nicht gefallen – so wenig wie Schiller Goethes „Ehe ohne Zeremonie"; aber die Bewunderung füreinander und das Vertrauen aufeinander waren so groß, dass Goethe dem Freund am Ende sogar einen Stoff überließ, den er eigentlich selbst hatte bearbeiten wollen. Gut so. Denn daraus wurde Schillers „Wilhelm Tell".

Zwei, ohne die und ohne deren Beziehung die deutsche Kultur- und Geistesgeschichte nicht denkbar ist: Goethe und Schiller, hier vereint im Weimarer Denkmal

Populärer Irrtum

Kein Mann zum Heiraten

Als Schiller 1785 nach Weimar kommt, sucht er zunächst seinen Landsmann Wieland auf. Der findet Gefallen an dem jungen Dichter und will ihn für seine Zeitschrift als Autor gewinnen. Dann aber bringt er Schiller in Verlegenheit.

Christoph Martin Wieland, damals 52 und ein berühmter Schriftsteller, lebt schon lange in Weimar. Er hat 15 Kinder, darunter einige ledige Töchter, und was liegt da näher als … Schwiegersohn in spe Schiller dreht und windet sich. Was hat er zu bieten, er hat doch nichts! So die offizielle Version. Seinem Busenfreund Körner jedoch gesteht er, er habe „hohe Begriffe von häuslicher Freude", aber „nicht einmal so viel Sinn dafür, sie mir zu wünschen." Denn er fühlt sich Frauen gegenüber innerlich zerrissen: Zwar achtet und schätzt er Häuslichkeit, Fleiß, Zuverlässigkeit, Treue; aber es gibt ein Problem, wenn er einer „Koketten" begegnet. Trotz seines Bedürfnisses, ein bürgerlich-solides Leben an der Seite einer braven Ehefrau zu führen, sähe er die Gefahr, dass ihm eine attraktive „Kokette" völlig

den Kopf verdrehen könnte ... Und in der Folge dieser Erkenntnis will er lieber „isoliert bleiben in der Welt“, also nicht heiraten!
Wenn er sich da mal nichts in die Tasche gelogen hat! Zeitgenossen berichten nämlich, die Wieland-Töchter seien zwar alle recht artig und häuslich, aber leider doch auch recht unansehnlich gewesen ...

Wieland im Kreise seiner Familie, Gemälde von Georg Melchior Kraus

Aha

Schiller war Franzose!

Hätte es zur Zeit Schillers in amtlichen Formularen bereits die Rubrik „Staatsangehörigkeit" gegeben, hätte Schiller vermutlich „Franzose" eingetragen – jedenfalls ab 1792.

Natürlich war Schiller, geboren im schwäbischen Marbach am Neckar, Deutscher. Aber anders als in Frankreich gab es damals kein „Staatsgebiet"; Deutschland war vielmehr aufgeteilt in drei Dutzend große und kleine Fürstentümer – ein wahrer Flickenteppich! Und ein jeder Fürst sah die Einwohner seines Gebietes als „Untertanen" an – und behandelte sie auch so. Schiller musste es am eigenen Leibe leidvoll erfahren.
Während ihm sein schwäbischer Fürst das Schreiben verbot, wurden seine Stücke in Frankreich ab 1785 mit großem Erfolg aufgeführt. Als mit dem „Sturm auf die Bastille" 1789 die Französische Revolution ausbricht, passen die französischen Nachbarn „Die Räuber" den Ereignissen in ihrem Lande an und verehren deren Autor als Dichter der Freiheit. 1792 beschließt die Französische Nationalversammlung sogar, Schiller zum Ehrenbürger zu erheben. Da befindet er sich übrigens in guter Gesellschaft: Auch George Washington wird geehrt! Auf der Liste der französischen Neubürger erscheint Schiller dann in der Schreibweise *Gillé* – wobei das G wie ein weiches Sch zu sprechen ist. Zusatz: *publiciste allemand, citoyen français* (deutscher Schriftsteller, französischer Bürger).
An der späteren Terrorherrschaft der Jakobiner übt Schiller zwar scharfe Kritik; doch die von Revolutionsführer Danton unterzeichnete Urkunde behält er. Später übergibt er sie der Weimarer Bibliothek. Eine beglaubigte Kopie behält er für sich – und für seine Nachfahren, denn auch sie sind so Franzosen.
Als Schiller 1802 geadelt wird und 1803 im „Weimarer Hofkalender" mit dem neu erworbenen Adelsprädikat erscheint, lässt er daneben drucken:
„Bürger von Frankreich" (!)
Mehr als 150 Jahre später sollte Schillers französische Urkunde noch einmal eine bedeutende Rolle spielen. Als 1945 die französische Armee auch in Baden-Baden einrückt, wird ein bestimmtes Wohnhaus mit einem blau-weiß-roten Schutzbrief versehen. Denn dort wohnte Alexander von Gleichen-Rußwurm – ein Urenkel Friedrich Schillers!

Freiheit und Gleichheit! hört man schallen;
Der ruh'ge Bürger greift zur Wehr,
Die Straßen füllen sich, die Hallen,
Und Würgerbanden ziehn umher.

Historische Illustration zu Schillers „Das Lied von der Glocke"

Populärer Irrtum

Die „Glocke“: Was für ein Kitsch!

Schillers berühmtestes Gedicht ist ganz ohne Zweifel „Das Lied von der Glocke“. Viele Ältere haben es in der Schule auswendig gelernt; Jüngere kennen immerhin einige Glocken-„Sprüche“. Doch da beginnt das Problem.

Typische Einlassung: Schiller – das ist doch der mit der Glocke?! Spaßvögel offerieren auch gern die „Kürzestfassung“: „Loch in Erde, / Bronze rin, / Glocke fertig, / bim, bim, bim“. Kein Gedicht in deutscher Sprache ist so oft parodiert worden wie dieses!

Nun muss eine Parodie dem Original nicht unbedingt schaden; manchmal macht sie ein Werk sogar erst berühmt; aber in jedem Fall setzt sie die Kenntnis des Ursprungstextes voraus. Dennoch hat es der „Glocke“ – und damit Schiller – nicht gutgetan, so oft verspottet zu werden. Und das von Anfang an.

Schon Zeitgenossen unseres verehrten Dichters berichten, sie seien bei der Lektüre des Gedichts „fast von den Stühlen gefallen vor Lachen“ (so Caroline Schlegel 1799). Lob und Bewunderung gab es aber auch, etwa bei Wilhelm von Humboldt – und auch bei Goethe! Wie kommt das?

Vordergründig geht es in den zehn Strophen des Gedichts um die Herstellung einer Glocke. Doch streut Schiller Strophen ein, die Parallelen im menschlichen Lebenslauf sehen – von der Geburt über erste Liebe und Ehe bis hin zu Katastrophen und Tod. Manches davon klang damals schon schwülstig:

Auch hier stellt sich die Frage: Kunst oder Kitsch? Denkmal für Schillers „Glocke“ in Marbach am Neckar

Vom Mädchen reißt sich stolz der Knabe,
Er stürmt ins Leben wild hinaus,
Durchmisst die Welt am Wanderstabe,
Fremd kehrt er heim ins Vaterhaus.
Und herrlich, in der Jugend Prangen,
Wie ein Gebild aus Himmelshöhn,
Mit züchtigen, verschämten Wangen,
Sieht er die Jungfrau vor sich stehn.
...
O zarte Sehnsucht, süßes Hoffen!
Der ersten Liebe goldne Zeit!
Das Auge sieht den Himmel offen,
Es schwelgt das Herz in Seligkeit.

Zu sentimental? Kitschig gar? Heute vielleicht. Zu Schillers Zeit schrieb man aber gern so überschwänglich, dass selbst ein Freigeist wie Schillers Schwägerin Caroline in dem Gedicht „rührende Lebenstöne" vernahm.
Kritik politischer Natur rief eine andere Stelle hervor: Ausgerechnet der Freiheitskämpfer Schiller verurteilt den Aufstand des Volkes: „Würgerbanden ziehn umher". Da werden sogar „Weiber zu Hyänen"! Aber Schiller hatte nicht etwa seinen Idealen abgeschworen; er wollte nur seiner Enttäuschung über den Fortgang einer Revolution Ausdruck geben, deren Ziele in der Terrorherrschaft der Jakobiner untergegangen waren.
Nach 1960 flammte der Streit um die „Glocke" erneut auf. In einer Werkausgabe, die Schiller breiten Schichten nahebringen sollte, fehlten ausgerechnet die bekanntesten Gedichte, darunter die „Glocke"! Das rief den Literaturkritiker Marcel Reich-Ranicki auf den Plan. Auch er fand zwar, dass ausgerechnet die „schwächeren Arbeiten", zu denen er die „Glocke" zählt, Schiller mehr Ruhm gebracht hätten als seine „bedeutenden Schöpfungen" und deswegen eine „Revision des Schillerbildes" überfällig sei. Aber man könne doch das „überkommene Schiller-Bild" nicht korrigieren, indem man es einfach ignoriere. Wohl wahr: Wie soll man sich ein Bild von Schiller machen, wenn man wichtige Werke nicht kennt?

Schiller. Eine Zeitreise

1759	10. November: Johann Christoph Friedrich Schiller wird in Marbach am Neckar geboren.
1773	Eintritt in die „Militär-Pflanzschule“ des Herzogs Carl Eugen auf der Solitude (Stuttgart).
1776	Schiller studiert Medizin. 1779 Ablehnung der Doktorarbeit. Seine neue Dissertation wird 1780 angenommen.
1779	Der Herzog Carl August von Weimar besucht mit Goethe die Militär-Akademie.
1780	Entlassung aus der Militär-Akademie und Anstellung als Regimentsmedicus in Stuttgart.
1781	Im Selbstverlag und anonym erscheinen „Die Räuber. Ein Schauspiel“.
1782	Januar: Illegale Reise nach Mannheim zur Uraufführung der „Räuber“. Mai: Zweite illegale Reise. Juni: Schiller wird zu 14 Tagen Arrest verurteilt. Verbot jeder nicht-medizinischen Schriftstellerei. In der Festungshaft schreibt er weiter: „Die Verschwörung des Fiesco zu Genua“. September: Flucht mit Andreas Streicher, zuerst nach Mannheim, später nach Frankfurt, Oggersheim und wieder nach Mannheim. Im Dezember Weiterreise nach Bauerbach.

1783	In Bauerbach. „Die Verschwörung des Fiesco" erscheint. Arbeit an „Don Carlos" und „Luise Millerin". Schiller macht Charlotte von Wolzogen einen Heiratsantrag.
1784	Umbenennung der „Luise Millerin" in „Kabale und Liebe". Uraufführung in Frankfurt a. M. Schiller lernt Charlotte von Kalb kennen. Umarbeitung des „Don Carlos" (nun in Versform).
1785	Herzog Carl August von Weimar ernennt Schiller zum Weimarischen Rat. Schiller nimmt die Einladung Körners an und zieht nach Leipzig. Das Lied „An die Freude" entsteht. Schiller folgt Körner nach Dresden.
1787	In Weimar. Begegnung mit Wieland. Zusammenleben mit Charlotte von Kalb. Dezember: Begegnung mit den Schwestern von Lengefeld in Rudolstadt.
1788	Übersiedlung nach Volkstedt bei Rudolstadt. Schiller verbringt fast jeden Tag bei der Familie von Lengefeld.
1789	Ernennung zum außerordentlichen Professor für Geschichte an der Universität Jena; Antrittsvorlesung vor großem Publikum.

„Schiller auf dem Wege zu seiner Antrittsvorlesung in das Griesbachhaus am 26. Mai 1789", Gemälde des Jenaer Künstlers Erich Kuithan von 1909/10

1790	Trauung mit Charlotte von Lengefeld. Verleihung des Hofrat-Titels durch den Herzog von Meiningen.
1791	Schwere Krankheitsanfälle. Kant-Studien.
1792	Ernennung Schillers zum Bürger Frankreichs durch die Pariser Nationalversammlung. Die „Geschichte des Dreißigjährigen Krieges" erscheint.
1794	Intensives Gespräch mit Goethe; Beginn ihrer Freundschaft. Goethe verspricht Schiller die Mitarbeit an dessen Zeitschrift „Die Horen".
1795	12 Ausgaben der „Horen" erscheinen.
1797	Erwerb eines Gartenhauses in Jena. Dort wohnt Schiller mit seiner Familie drei Sommer lang.
1797–1799	Arbeit an „Wallenstein" und „Maria Stuart". Veröffentlichung der Balladen und des „Lieds von der Glocke"
1800	Arbeit an der „Jungfrau von Orleans"
1801	Uraufführung der „Jungfrau von Orleans" in Leipzig
1802	Beschäftigung mit dem „Tell"-Stoff. November: Schiller erhält das Adelsdiplom.
1803	„Die Braut von Messina oder die feindlichen Brüder. Ein Trauerspiel mit Chören" erscheint.

1804 Abschluss des „Wilhelm Tell“. Reise nach Berlin, Audienz bei Königin Luise. Ruf an die Berliner Universität. Die Folge: Doppeltes Gehalt vom Herzog. Aber einen wertvollen Ring, Geschenk der russischen Kaiserin, muss Schiller dennoch verkaufen.

1805 1. Mai: Letzte Begegnung mit Goethe
8. Mai: Schiller stirbt im Weimar.

Idyllische Umgebung zum Schreiben: Schillers Jenaer Arbeitszimmer befand sich in diesem hübschen Gartenhaus.

Aha

Die philosophische Bude

Eigentlich hatte Schiller Geistlicher werden sollen – und wollen. Doch schon früh wendet er sich von dem Gedanken ab, der Mensch könne sich durch Entbehrungen im Diesseits eine Belohnung im Jenseits sichern.

Auf seiner Sinnsuche findet er Halt in der griechischen Antike. „Schöne Welt, wo bist du? – Kehre wieder, / Holdes Blütenalter der Natur!“ schreibt er 1788 in seinem Gedicht „Die Götter Griechenlands“, in dem er seine Hinwendung zur Diesseitigkeit begründet. „Da die Götter menschlicher noch waren, / waren Menschen göttlicher“.
Das Gedicht bringt ihm heftige Kritik ein: Er könne die griechischen Götter doch nicht dem christlichen Gott vorziehen! Das sei doch Gotteslästerung! Doch Schiller bleibt gelassen. Seine Auffassung sieht er durch die Schriften des Königsberger Philosophen Immanuel Kant bestätigt, mit denen er sich jahrelang beschäftigt, um dann eigene philosophische Versuche anzuschließen: Schiller möchte den Menschen, der hin- und hergerissen ist zwischen Geist und Natur, Vernunft und Sinnlichkeit, Pflicht und Neigung wieder mit seiner Natur „versöhnen“. Und das sei möglich durch die Erfahrung des „Schönen“ – in der Natur wie in der Kunst.
Doch am Ende reicht es ihm: Kants Philosophie, besonders dessen Auffassung von „Pflicht“, ist ihm zu rigoros. Er beschließt, seine „philosophische Bude“ zu schließen. In dieser Form teilt er das, gelöst wie lange nicht, 1795 Goethe in einem Brief mit. Seine Überzeugungen hat er damit keinesfalls aufgegeben; nur setzt er sie jetzt nicht mehr theoretisch um, sondern praktisch – in seinen Dichtungen. Der Mensch ist eben Geist- und Sinnenwesen, er hat nicht nur Verstand, sondern auch Gefühle. Beides in eine Balance zu bringen, sieht Schiller als seine Aufgabe an. Lieber dichten, scheint die Devise, als über „naive und sentimentalische Dichtung“ schreiben.

Immanuel kant

Aha EXTRA

Shitstorm mit „Xenien"

Schiller spricht von „Skandal", Goethe sinnt auf Rache. Eine Flut von Beschimpfungen bricht über den beiden zusammen; heute würde man sagen: Sie erleben einen „Shitstorm". Dabei haben sie doch nur „Gastgeschenke" verteilt!

Was ist geschehen? Seit 1795 gibt Schiller eine Zeitschrift heraus: „Die Horen". Er verspricht sich viel davon, nicht zuletzt, weil auch Goethe begeistert Beiträge liefert. Die Zeitschrift wird jedoch, zum Verdruss der beiden, ein Flop. Dem einen Kritiker ist sie zu unmoralisch, dem anderen zu anspruchsvoll, wieder anderen schlichtweg unverständlich.
Verärgert tun sich die beiden Dichter zusammen und veröffentlichen „Xenien". Diese „Gastgeschenke" – so die Bedeutung des griechischen Wortes – haben es in sich: In bissigen Zweizeilern machen sich Schiller und Goethe über das spießige Publikum und den ganzen Literaturbetrieb lustig.
676 „Pfähle" in antikem Versmaß stoßen sie lustvoll ins „Fleisch" ihrer Gegner – wobei Schillers Verse noch aggressiver sind als Goethes. Die Verfasser sehen die „Xenien" zwar eher als literarischen Spaß; doch die Reaktionen sind heftig – auch wenn die Attacken gegen die beiden „Sudelköche" meist ohne intellektuelle Schärfe, ziemlich derb und oft auch verletzend sind. So wird Schiller wegen seiner intensiven Beschäftigung mit Kants Philosophie als „Kants Affe in Jena" tituliert, und Goethe muss sich gar einen „stößigen Bock" schimpfen lassen.
In einer Karikatur tragen Missgestalten eine Standarte mit der Aufschrift „Schiller und Comp.". Goethe tritt in der Figur eines Satyrs auf, und Schiller als Betrunkener mit Reitpeitsche, hinter dem die „Xenien" einen Obelisken mit den Inschriften „Anstand", „Sittlichkeit" und „Gerechtigkeit" umstoßen.
All diese Angriffe aber schweißen die beiden Freunde nur noch enger zusammen.

Die Xenien, Goethes und Schillers bissige Zweizeiler, müssen wohl gesessen haben: Goethe ist der mit dem Reif, Schiller der Trunkenbold mit der Peitsche. „Trogalien zur Verdauung der Xenien“, 1797 hrsg. von Christian F. Fulda.

Anstand
Sittlich=
keit.
Thierkreis.
Gerechtig
keit.

Aha

Freiheit!

Wo es um die Freiheit geht, ist Schiller kühn – von Anfang an. Aber Missstände attackiert er nicht nur in seinen frühen Stücken „Die Räuber" und „Kabale und Liebe", sondern auch, gekonnt verpackt in historische Stoffe, in seinen späteren „idealistischen" Dramen.

Nehmen wir den „Don Carlos". Das Stück spielt im Spanien des 16. Jahrhunderts, zur Zeit Philipps II. Dessen Sohn Carlos, der Kronprinz, begeistert sich insgeheim für die Freiheitsbewegungen der von seinem Vater unterjochten Niederlande. Er steht dabei unter dem Einfluss eines Freundes, des Marquis Posa. Der versucht, den König in einem intensiven Gespräch für seine Ideen zu gewinnen. Es ist hier, wo der berühmt gewordene Satz fällt: „Sire, geben Sie Gedankenfreiheit!" Philipp ist hin- und hergerissen, muss sich aber doch den staatlichen Zwängen fügen. Die harte Konsequenz: Posa und sein eigener Sohn müssen sterben.

Dass ein Gespräch wie zwischen Posa und dem König zur Zeit Philipps II. nicht denkbar gewesen wäre, wird den Zuschauern klar gewesen sein. Aber was war mit ihrer eigenen Gegenwart? Um 1800 herum hatte man die Ideen der Französischen Revolution begierig aufgegriffen. Und wenn sie sich nicht sofort umsetzen ließen, stand doch wenigstens die Forderung nach Freiheit – nicht nur der Gedanken – im Raum!

Schiller, der unermüdliche Kämpfer für die Freiheit, der selbst so viel Unfreiheit erdulden musste, will seine Zuschauer für seine Ideale begeistern: Gedankenfreiheit konnte es zu Philipps Zeiten zwar nicht geben – in der Gegenwart aber ist sie als Idee in der Welt. Seine große Hoffnung: Die Vorstellung soll keine Schwärmerei bleiben, sie soll Realität werden!

Nachdenklicher Kronprinz Don Carlos: In Schillers Drama hegt er große Sympathie für das Ideal der „Gedankenfreiheit".

Fr. Pecht gez.

J. L. Raab gest.

Don Carlos.

Druck und Verlag von F. A. Brockhaus in Leipzig.

Populärer Irrtum

Frivole Freuden

Was soll das Theater für den Zuschauer sein? Eine „moralische Anstalt", wie Schiller in einem philosophischen Aufsatz schreibt? Erhobener Zeigefinger also? Zu kurz gedacht. Denn auch das sagt Schiller: Die Schauspiele sollen „Vergnügen" bereiten!

Aber sind nicht alle Dramen Schillers – bis auf „Wilhelm Tell" – Trauerspiele? Wie soll das tragische Scheitern der Hauptpersonen denn ein Vergnügen sein? Schiller war sich dieses Widerspruchs bewusst. Darum bezeichnete er seine These selbst als „frivol"! Und hier wird es spannend. Denn Schiller grenzt „Vergnügen" ausdrücklich von „armseliger Belustigung" ab. Die Helden seiner Stücke sind edle Charaktere. Das gilt sogar für den Verbrecher Karl Moor aus seinem Erstling „Die Räuber". Es gilt auch für Don Carlos, dessen historisches Vorbild eher ein Schwächling war, oder für Maria Stuart, deren Lebenswandel alles andere als ehrbar war. In ihrem Scheitern liegt eine Größe, die den Zuschauer erschaudern lässt.
Das tragische Scheitern eines edlen Menschen erschüttert uns mehr als der Untergang eines Verbrechers, der seine gerechte Strafe erleidet. Wir wissen: Wer hoch steht, kann auch tief fallen! Aber was hat unsere Betroffenheit mit „Vergnügen" zu tun? Ganz einfach: Wir können angesichts eines großen unverschuldeten Unglücks zu Tränen gerührt sein und es „schön" finden, wenn wir mit dem scheiternden Helden mitleiden. Denn dann zeigen wir das, was Schiller „Moralität" nannte.
Ein Dichter des 20. Jahrhunderts hat diesen Zusammenhang sehr gut begriffen: Bertolt Brecht. Er nimmt Schiller in Schutz gegen den Vorwurf, er habe das Theater für das Moralische eingespannt, und schreibt: „Das Moralische muss nicht vergnüglich sein, damit es ins Theater darf, sondern das Vergnügen muss moralisch sein, damit es ins Theater darf."

Verse forever!

Von seinen wilden Jugenddramen war Schiller bereits etwas abgerückt, als er nach Weimar kam. Dem höfischen Publikum der kleinen Residenzstadt und auch deren Theaterdirektor Goethe hätte deren freche Sprache auch kaum behagt.

In Weimar angesagt war ein „gehobener" Sprachstil. Schillers Konzession lautete: dann eben in Versen. Denn seine inhaltlichen Grundsätze wollte er nicht verraten. Auch damals sprach natürlich kein Mensch in Versen, auch der Adel nicht. Aber das Theater sollte kein Ort des Alltags sein.

Schon die antiken Dramen waren in Versen dahergekommen, und Shakespeare folgte dem Vorbild genauso wie die französischen Dramatiker. Die keinem besonderen Rhythmus gehorchende Alltagssprache war deshalb eher dem Volkstheater vorbehalten.

Als erstes schrieb Schiller seinen ursprünglich in Prosa verfassten „Don Carlos" in Verse um. Bei den folgenden Dramen blieb er dann dabei: Maria Stuart ist schließlich eine Königin, die Jungfrau von Orleans eine Gottbegnadete, Wallenstein ein großer Feldherr …

Aber ist es nicht unnatürlich, gar albern, wenn Personen auf der Bühne ihre Leidenschaft, Trauer und Verzweiflung in Versen ausdrücken? Die Zeitgenossen empfanden das jedenfalls nicht so. Denn auch ohne Reim hat die Verssprache etwas, das dem Charakter der oft weihevollen Handlung entspricht.

Vergleichen Sie selbst: In Schillers Trauerspiel „Wallensteins Tod" hören wir: „Denn nur vom Nutzen wird die Welt regiert". „Normal" würde es heißen: „Denn die Welt wird nur vom Nutzen regiert". Man spürt sofort: Der Versrhythmus geht ins Ohr, viel stärker als die Alltagssprache. Und daran hat sich bis heute nichts geändert. Oft sind es nur kleine Änderungen der Satzstellung, die Schiller-Zitate so „eingängig" machen. „Auf diese Bank von Stein will ich mich setzen" (Wilhelm Tell) ist eben viel eindrucksvoller als „Ich will mich auf diese Bank von Stein setzen." Das klingt banal.

Aha

„Ich bin Schiller“

Schiller war mit 1,78 m für seine Zeit ungewöhnlich groß, 14 cm größer als Goethe, der damit auch nicht klein war. Das berühmte Weimarer Doppelstandbild gibt die realen Größenverhältnisse nicht ganz richtig wieder. Aber woher kam seine große Ausstrahlung?

Die Körpergröße war da nur ein Teil, so wie seine rötliche Lockenpracht. Über seine markante Nase sagte er scherzend, die habe er während seiner Zeit auf der Militärakademie selbst durch ständiges Ziehen so lang gemacht. Seine bekannteste Büste mit der buchstäblich prominenten Nase hat er übrigens selbst 1794 bei dem schwäbischen Künstler Dannecker in Auftrag gegeben. Damals schon sehr krank, wollte er den Seinen etwas Bleibendes hinterlassen.

Entscheidend für Schillers Charisma waren aber wohl andere Dinge. Vor allem die Wortgewalt, die er schon als Kind hatte. Da funktioniert der kleine Fritz einen Stuhl zur Kanzel um und hält eine Strafpredigt! Heute würde man sagen: Rampensau. Oft übertrieb er es auch: Siehe sein Fiasko mit dem Fiesco. Und dann sein Mut. Schon als Knabe trat er auch den älteren Kameraden furchtlos entgegen und wurde dafür von den Jüngeren bewundert.

Schiller konnte sehr überschwänglich sein, und nicht nur mündlich. Einen Brief an Goethe überschrieb er mit „Geliebter Freund“ – eine Anrede, die so euphorisch nicht erwidert wurde. Doch Schiller konnte auch anders. Als ein Fremder einmal anklopfte, um zu fragen, ob der berühmte Schiller vor ihm stehe, kam der Satz: „Ich bin Schiller, aber heute können Sie ihn nicht sprechen.“

Eitel war Schiller nicht. Schon der kleine Fritz schenkte die Schnallen seiner Schuhe einem armen Kind; ihm reichten Bänder.

Auf die Frage des Vaters nach dem Verbleib der Schnallen sagte er: „Gräm dich nicht, Vater, ich hab' ja noch ein paar Schuhe auf den Sonntag.“

Bezeichnend auch das Verhalten der Studenten, als Schiller später Professor in Jena war. Damals war es an den Unis üblich, Zustimmung durch Stampfen und Missfallen durch Scharren mit den Füßen kund zu tun. Bei Schiller aber wurde weder gestampft noch gescharrt; so groß war die Ehrerbietung.

Nicht aus Eitelkeit, sondern weil er seinen Kindern etwas Bleibendes hinterlassen wollte, gab Schiller diese Büste in Auftrag.

Auch seine Kinder liebten Schiller. Er spielte gern mit ihnen, mit dem kleinen Karl am liebsten „Löwe und Hund“, wobei der große und der kleine Kerl in wechselnden Rollen fauchend und knurrend auf allen Vieren im Zimmer herumtollten ...

Aha

Tausche Mahlzeit gegen Shakespeare

Was Schulden sind, wusste Schiller früh. Ein Vetter des Vaters ritt seinen Verlag in die Pleite und der Vater seiner Mutter hatte sich im Holzhandel verspekuliert. Auch sein Übervater, der Herzog, lebte heftig über seine Verhältnisse.

Wie schmerzlich eine knappe Kasse sein kann, bekam Fritz ebenfalls schon als Knabe zu spüren. Als ein Schulfreund und er einmal ein paar Kreuzer fürs fehlerfreie Aufsagen des Katechismus bekamen und sich dafür einen kleinen Imbiss in einem Ausflugslokal gönnen wollten, aber rein gar nichts für das kleine Geld bekamen, mussten die beiden weiterziehen, bis es irgendwo weit draußen wenigstens für eine Scheibe Brot und ein Glas Milch reichte.

Das Geld als solches interessierte Schiller dabei kaum. Als er sein Studienfach wechselte, von der Juristerei zur Medizin, hatte das mit Verdienstaussichten gar nichts zu tun, aber viel mit der Hoffnung, aus der Kenntnis der körperlichen Verfasstheit des Menschen größeren Nutzen für seine Dichtung zu ziehen. Was ihn beflügelte, war die Welt der Ideen. Seinen eigenen Körper wirtschaftete er derweil ziemlich herunter. Schon als Schüler tauschte er mit einem Mitschüler Mahlzeiten gegen die Möglichkeit, Shakespeare-Bände länger behalten zu dürfen. Endlich fertig mit dem Medizinstudium, wird er nur als „Feldscher" mit einem Mini-Salär von 18 Gulden im Monat eingestuft. Er trinkt aus Verzweiflung und verachtet sich dafür: „Hol euch alle der Teufel!"

„Die Räuber“ machen Schiller zwar auf einen Schlag berühmt; aber dass er sie auf eigene Kosten veröffentlichen muss, bricht ihm fast das Genick. Die mit viel Energie erkämpfte erste Anstellung am Theater Mannheim wird wegen eines ersten schlimmen Krankheitsschubs nicht verlängert; aber mit dem Verkauf des „Fiesco“-Manuskripts kann er immerhin einen Teil seiner Schulden tilgen, auch die bei Freund Streicher, der ihm zur Flucht aus der Karlsschule verholfen hat. Hier, wie später bei Körner und seinen Freunden, die ihm freie Kost und Logis in Leipzig anbieten, und noch später bei einer überraschenden Geldzuwendung von Bewunderern aus Kopenhagen, die ihm ab 1791 drei Jahre Durchatmen ermöglicht, sind es Menschen, die aus purer Begeisterung für dessen Werke dem Dichter aus der Geldnot helfen.
Oder die ihm eine Zuflucht bieten wie nach seiner Fahnenflucht die Mutter seines Schulfreundes. Als er im Dezember 1782 im verschneiten Thüringen bei Henriette von Wolzogen ankommt, hat er noch nicht einmal Winterkleidung; so berühmt und zugleich so arm war Schiller zu dem Zeitpunkt.
Wer dachte, mit seiner Berufung zum Professor in Jena Ende 1788 sei er endlich saniert gewesen, der irrt: Die Stelle war unbesoldet; die Einnahmen richteten sich nach der Zahl der Hörer in den Vorlesungen.
Die „allerunterthänigsten“ Bettelbriefe, von denen Schiller viele verfasst hat und in die er all sein Schreibtalent hineinlegte, haben ihn lange begleitet – und müssen ihn oft gedemütigt haben. Immerhin ging es ihm in seinen letzten Lebensjahren so gut, dass er nicht mehr genötigt war, aus Geldnot ungeliebte Dinge zu schreiben wie zwischen 1787 und 1789 den Fortsetzungsroman „Der Geisterseher“...

Kohle mit Krimis

Kurz vor 1800 war die allgemeine Lust am Lesen geradezu explodiert. Ein breites Publikum gierte nach Geschichten über Liebe, Abenteuer, Gespenster und Verbrechen. Traf ein Autor den Geschmack, konnte er vom Schreiben leben. Welche Chance für den ständig in Geldnot steckenden Schiller!

Den Roman-Autor in sich sah Schiller zwar eher als „Halbbruder des Dichters", dessen Metier eigentlich das Drama sei; doch lockte die Aussicht auf gute Einnahmen. Warum also keinen Kriminalroman schreiben? Oder eine Geistergeschichte? Anfragen hatte er. Sogar die Adaption eines chinesischen Romans mit dem Titel „Haoh-Kiöh-Tschuen" (etwa: Geschichte einer guten Heirat) wurde ihm angedient, denn exotische Stoffe waren total in Mode. Also worauf warten!

Einen Stoff „aus dem wirklichen Leben" hatte ihm bereits in der Karlsschule sein Lehrer Abel geliefert: die Geschichte eines kleinkriminellen Außenseiters, der in eine Spirale von Straftaten und Sanktionen gerät, immer grausigere Verbrechen begeht und schließlich hingerichtet wird. Aber nur eine spannende Handlung erzählen – das wäre nicht Schiller. Der liefert nicht nur den psychologischen Hintergrund, sondern gelangt zu einer heftigen Kritik des damaligen Strafvollzugs: Dieser verhindere keine Verbrechen; er verstärke sie sogar. Verständnis für seinen „Helden" zeigt Schiller schon im Titel: „Der Verbrecher aus verlorener Ehre". Die Botschaft: Nur die Kenntnis der Ursachen für ein Verbrechen erlaube eine sinnvolle Bestrafung. Damit wird Schiller zum Vorläufer der psychologisierenden Kriminalliteratur.

Einen echten Coup landet Schiller mit seiner Geschichte „Der Geisterseher". Die Erzählung greift ein Thema auf, von dem damals ganz Europa spricht: den Okkultismus, greifbar in der Person des geheimnisvollen Magiers Cagliostro. Der große Erfolg bei den Lesern hat aber noch einen Grund: Schiller lässt die Handlung abrupt mit dem Versprechen auf eine weitere Folge enden – und begründet so ganz nebenbei die Tradition der später sehr beliebten Fortsetzungsromane. Zwar veröffentlichte er dann tatsächlich mehrere Folgen, doch das Ganze blieb ein Torso: Schiller hatte schlicht keine Lust mehr, über mystische Vorgänge zu schreiben, auch nicht für Geld. „Welcher Dämon hat mir den verfluchten Geisterseher eingegeben?", schrieb er 1788 an Körner. Gelegenheiten, mit trivialen Geschichten Geld zu verdienen, hat er sich aber auch später nicht entgehen lassen. Zweimal hat er sogar von ihm redigierte Geschichten seiner Frau ohne Nennung seines Namens an eine Zeitschrift verkauft. Und noch lange nach 1800 verraten Kalendernotizen, dass er fest mit Einnahmen aus der Veröffentlichung jenes chinesischen Romans rechnete. Die Dramen waren ihm aber dann doch wichtiger.

Schiller als Pionier des Psychokrimis und des Fortsetzungsromans. Beides kommt zusammen in „Der Geisterseher", hier ein Szenenbild aus einer Aufführung im Maxim Gorki-Theater Berlin.

Populärer Irrtum

Eine faule Geschichte

Es wird gern kolportiert, Schiller habe in seinem Weimarer Arbeitszimmer faule Äpfel aufbewahrt, weil er sich von deren Geruch Linderung der verschleimten Atemwege versprach. Aber stimmt das überhaupt?

Die Geschichte geht so: Goethe besuchte seinen Freund und wartete in dessen Arbeitszimmer auf ihn. Ein übler Geruch verursachte ihm Übelkeit. Er ging der Sache nach und fand zu seinem Befremden in der Schublade von Schillers Schreibtisch faule Äpfel. Schillers Ehefrau Charlotte habe ihm dann versichert, „dieser Geruch“ tue ihrem Mann „wohl“; ohne ihn könne er „nicht leben und arbeiten“.

Klingt glaubhaft – und ist Gemeingut geworden. Manche behaupten sogar, Schiller habe sich an den Ausdünstungen regelrecht „berauscht“. So weit verbreitet ist die Geschichte, dass eine Schriftstellerin das Ergebnis einer Umfrage über das Arbeitsverhalten ihrer Kollegen unter dem Titel „Schillers faule Äpfel“ veröffentlichte. Merkwürdig ist nur, dass es in keinem anderen Lebenszeugnis Schillers, in keinem der Berichte von Freunden und Besuchern, auch nicht der an seinem Krankenbett harrenden, einen einzigen weiteren Hinweis auf faule Äpfel gibt! Nur Goethe hat davon berichtet; nur in *seinen* Aufzeichnungen findet sich die zitierte Äußerung Charlottes.

Hat sich Goethe hier wohl einen Scherz erlaubt? Schließlich gibt es auch die – ebenfalls unbewiesene – Anekdote, er habe in Schillers Zimmer auf den Freund gewartet und einen von ihm begonnenen Vers einfach fortgesetzt. Woran man nur sieht: Goethe ließ man besser nicht warten!

Aha EXTRA

Der „Schmauchlümmel"

Schiller „schnupfte" gern. Für Heutige: Er reizte seine Nase mit Schnupftabak, gern auch für mehr Lust am Sex. Später fand er dann zum „normalen" Rauchen. Schillers Freund Goethe passt das überhaupt nicht. Er verabscheut das Rauchen und nennt die Raucher „Schmauchlümmel". Doch Schiller lässt sich nicht von seinem Laster abbringen. Selbst beim Reiten sieht man ihn mit einer Tonpfeife im Mund. Wenn er bei Goethe zu Besuch ist, hält er sich allerdings zurück und geht zum Rauchen in den Garten. Aber der Gastgeber hatte ja bekanntlich auch seine speziellen Vorlieben: eine ganze „Bouteille" Wein hatte der zu Mittag gern schon intus ...

Schiller in Karlsbad, auf einem Esel reitend, Zeichnung von Carl Simon, ca. 1920

Populärer Irrtum

Alter macht unlustig

Der junge Schiller konnte sehr gesellig und lustig sein und hat sich zu manchem literarischen Scherz hinreißen lassen. Seine späteren Werke sind dagegen eher dramatisch, pathetisch, erhaben. Ist er im Alter ernst geworden?

Unter Schillers Balladen gibt es eine Ausnahme, der man einen, wenn auch grimmigen, Humor nicht absprechen wird. Sie heißt „Der Handschuh".

Der Handschuh

Vor seinem Löwengarten,
Das Kampfspiel zu erwarten,
Saß König Franz,
Und um ihn die Großen der Krone,
Und rings auf hohem Balkone
Die Damen in schönem Kranz.
Und wie er winkt mit dem Finger,
Auf tut sich der weite Zwinger,
Und hinein mit bedächtigem Schritt
Ein Löwe tritt,
Und sieht sich stumm
Rings um,
Mit langem Gähnen,
Und schüttelt die Mähnen,
Und streckt die Glieder,
Und legt sich nieder.
Und der König winkt wieder,
Da öffnet sich behend
Ein zweites Tor,
Daraus rennt
Mit wildem Sprunge
Ein Tiger hervor,
Wie der den Löwen erschaut,
Brüllt er laut,
Schlägt mit dem Schweif
Einen furchtbaren Reif,
Und recket die Zunge,
Und im Kreise scheu
Umgeht er den Leu
Grimmig schnurrend;
Drauf streckt er sich murrend
Zur Seite nieder.
Und der König winkt wieder,
Da speit das doppelt geöffnete Haus
Zwei Leoparden auf einmal aus,
Die stürzen mit mutiger Kampfbegier
Auf das Tigertier,
Das packt sie mit seinen grimmigen Tatzen,
Und der Leu mit Gebrüll

Richtet sich auf, da wird's still,
Und herum im Kreis,
Von Mordsucht heiß,
Lagern die greulichen Katzen.
Da fällt von des Altans Rand
Ein Handschuh von schöner Hand
Zwischen den Tiger und den Leu'n
Mitten hinein.
Und zu Ritter Delorges spottenderweis
Wendet sich Fräulein Kunigund:
„Herr Ritter, ist Eure Liebe so heiß,
Wie Ihr mir's schwört zu jeder Stund,
Ei, so hebt mir den Handschuh auf."
Und der Ritter in schnellem Lauf
Steigt hinab in den furchtbarn Zwinger
Mit festem Schritte,
Und aus der Ungeheuer Mitte
Nimmt er den Handschuh mit keckem Finger.
Und mit Erstaunen und mit Grauen
Sehen's die Ritter und Edelfrauen,
Und gelassen bringt er den Handschuh zurück.
Da schallt ihm sein Lob aus jedem Munde,
Aber mit zärtlichem Liebesblick –
Er verheißt ihm sein nahes Glück –
Empfängt ihn Fräulein Kunigunde.
Und er wirft ihr den Handschuh ins Gesicht:
„Den Dank, Dame, begehr ich nicht",
Und verlässt sie zur selben Stunde.

Das Gedicht darf als sprachliches Wunderwerk gelten. Grandios, wie Schiller die Charaktere der Tiere rhythmisch wiedergibt! Nur ist der Humor nicht gerade frauenfreundlich. Aber lassen wir Schiller, der sonst immer die Würde der Frauen hochhielt, auch einmal ironisch sein. Was das Fräulein Kunigunde da von ihrem Ritter Delorges verlangt, ist ja auch eine arge Zumutung …

Illustration zu „Der Handschuh" von Jacky Gleich. Das Bilderbuch ist erschienen im Kindermann Verlag Berlin.

Aha

Kleines großes Theater

Schiller wusste, wie man ergreifende Dramen schreibt. Davon zeugen auch seine Aufsätze zum Thema. Sie kommen gern mit sperrigen Titeln daher wie „Die Schaubühne als eine moralische Anstalt betrachtet"; aber man kann man bis heute viel daraus lernen.

Etwa, dass man eine Idee wie „Gerechtigkeit" nicht nur philosophisch abhandeln, sondern auch im erzählten Beispiel lebendig werden lassen kann. Schillers Balladen sind dafür grandiose Beispiele, so etwas wie Dramen in Kurzform.
Nehmen wir die berühmte Ballade „Die Kraniche des Ibykus". In nur 23 hochdramatischen Strophen erzeugt Schiller hier ganz großes Theater. Worum geht's? Der beliebte griechische Dichter Ibykus wird auf dem Weg zu einer Aufführung in Korinth von zwei Räubern erschlagen. „Zeugen" werden zufällig über ihm ziehende Kraniche. Er ruft sie an, den Mord zu melden.
Dann die Aufführung vor großem Publikum: *„Wer zählt die Völker, nennt die Namen / Die gastlich hier zusammenkamen?"* Alle trauern um Ibykus. Auftritt der Rachegöttinnen: *„Doch wehe, wehe, wer verstohlen / Des Mordes schwere Tat vollbracht / Wir heften uns an seine Sohlen / Das furchtbare Geschlecht der Nacht!"* Es herrscht absolute Stille, als plötzlich Kraniche über das Theater ziehen und eine Stimme ruft: *„Sieh da! Sieh da, Timotheus, / Die Kraniche des Ibykus!"*
Das war's: Der Rufer hat sich und den Angerufenen als Mörder entlarvt, und beide bekommen ihre Strafe: *„Man reißt und schleppt sie vor den Richter / Die Szene wird zum Tribunal, / Und es gestehn die Bösewichter, / Getroffen von der Rache Strahl."*
Damit hat Schiller einen Volltreffer gelandet: Wie im antiken Theater, in dem er sich bestens auskannte, sollten seine Zuschauer sich nicht nur unterhalten lassen, sondern auch moralische Erkenntnisse gewinnen – und sich dadurch bessern.

Volltreffer mit Balladen!

Aha EXTRA

Holprig hat sie begonnen; aber dann nimmt die Freundschaft mit Goethe Fahrt auf. Nachdem Schiller sich nicht mehr unterlegen fühlt, starten die beiden sogar einen sportlichen Wettstreit – mit Balladen!

„Wettstreit": Da denkt man doch gleich an Sieger und Verlierer! Schiller sieht das anders. Er möchte die „Verschiedenheit auf einen Nenner bringen". Das Ergebnis: lauter Volltreffer! In kurzer Zeit entstehen jene grandiosen langen Gedichte, jedes einzelne ein ins Ohr gehendes Mini-Drama in Reimform, deren Titel bis heute jedem Literaturfreund ein Leuchten in die Augen zaubern: Schillers „Die Kraniche des Ibykus", „Der Taucher" und „Die Bürgschaft", bei Goethe „Der Zauberlehrling" und „Die Braut von Korinth" – alle entstanden in einem einzigen, dem „Balladenjahr" 1797, und eines so genial wie das andere. Also kein Sieger? Nun, aus heutiger Sicht hätte diesen Wettbewerb Schiller „gewonnen": Seine Balladen sind immer noch fester Schulstoff. Dafür hat Goethe bereits 1782 einen anderen Hit gelandet: den „Erlkönig". Mit „Wer reitet so spät durch Nacht und Wind" hätte er Schiller vielleicht Paroli geboten ...

„Wer wagt es, Rittersmann oder Knapp,/ Zu tauchen in diesen Schlund?" (Illustration zu Schillers „Der Taucher", Stahlstich von Ferdinand Rothbart)

Keine Jungfrau in Weimar!

Während Schillers Weimarer Zeit wurden seine historischen Schauspiele auch dort uraufgeführt. Kein Wunder: Schiller-Freund Goethe war Schauspieldirektor. Hinzu kam, dass Goethe eine Fülle hochbegabter Schauspielerinnen um sich hatte, die das Weimarer Publikum mit ihrer Darstellung der herrlichen Frauengestalten Schillers begeisterten. Die berühmteste von ihnen war Caroline Jagemann.

Die gebürtige Weimarerin hatte in Mannheim unter dem großen Regisseur Iffland eine vorzügliche Schauspiel- und Gesangsausbildung genossen und war 1798 von Goethe engagiert worden. Sie hatte aber ihren eigenen Kopf, was effektive Theaterarbeit betraf, und geriet deshalb immer wieder mit Goethe aneinander. Vergöttert wurde sie aber nicht nur vom Publikum; auch der Herzog Carl August hatte solchen Gefallen an ihr gefunden, dass er sie zu seiner Nebenfrau machte – ein großes Thema für den Weimarer Tratsch. Schiller, der die Jagemann sehr schätzte, wollte ihr die Titelrolle in seinem neuen Stück „Die Jungfrau von Orleans" geben; schließlich hatte sie schon die Thekla (im „Wallenstein") und die Hauptrolle in „Maria Stuart" gespielt. Goethe fand sich, murrend, damit ab. Da aber intervenierte der Herzog: Seine Mätresse als Jungfrau? Das doch wohl nicht! Der Spott wäre zu heftig gewesen. Die Uraufführung fand dann 1801 statt – in Leipzig.

Die Jagemann hätte die Jungfrau von Orleans toll gespielt, aber als Mätresse?

Populärer Irrtum

„Alternative Fakten"

Wer glaubt, man könne wie mit der Axt im Haus, die den Zimmermann erspart, auf Geschichtsbücher verzichten, wenn man nur fleißig Schillers historische Dramen lese, der irrt.

Natürlich hat es den Don Carlos, die Jungfrau von Orleans und die Maria Stuart tatsächlich gegeben, genauso wie Wallenstein oder (wahrscheinlich) Wilhelm Tell. Aber Schiller verfälscht die Historie gravierend – und dies völlig absichtlich! Was er liefert, würden wir heute „alternative Fakten" nennen. Beispiel Don Carlos. In Wirklichkeit war der Mann alles andere als ein Held, eher ein willenloser Schwächling. Den Marquis von Posa gar (den mit der „Gedankenfreiheit") hat Schiller frei erfunden. Und wenn zum Schluss des Dramas verkündet wird, die stolze Armada-Flotte sei vor England vernichtend geschlagen worden, nimmt Schiller ein Ereignis vorweg, das in Wahrheit erst zwanzig Jahre später später stattfinden sollte. Ähnliche Verbiegungen der Realität finden sich auch in seinen anderen Dramen.
In seinen theoretischen Schriften hat Schiller unterschieden zwischen „historischer" und „poetischer Wahrheit". Ein Dichter, sagt er, muss die poetische Wahrheit über die historische stellen. Zur Wiedergabe der Realität gebe es schließlich Geschichtsbücher ...

Populärer Irrtum

Am Rütlischwur rütteln

Der „Rütlischwur" gehört zum Gründungsmythos der Schweiz. Angeblich hat das verschwörerische Treffen der drei mittelalterlichen Männer aus Uri, Schwyz und Unterwalden auf dem Rütli stattgefunden.

An diesem Mythos ist Schiller schuld: In seinem Drama „Wilhelm Tell" verortet Schiller den Aufstand gegen die tyrannischen Vögte der Habsburger nämlich auf einer Wiese oberhalb des Vierwaldstättersees, genannt Rütli. Die ungeheure Popularität des Stückes hat dann dazu geführt, dass eben diese Wiese als Gründungsort der „Eidgenossenschaft" angesehen wurde und der

Mit einem von Goethe geerbten Stoff begründete Schiller den Schweizer Mythos des Rütlischwurs.

Sieht harmlos aus, ist aber dank Schiller wetberühmt: die Rütliwiese

Ausdruck „Rütlischwur" gegen Mitte des 19. Jahrhunderts nahezu sprichwörtlich wurde. Von Schiller stammt sogar die angebliche Eidesformel:
„Wir wollen sein ein einzig Volk von Brüdern,
in keiner Not uns trennen und Gefahr".
Nach historischen Quellen fand die Verschwörung aber an einem geheimen Ort in Uri statt. Dass Schiller das Geschehen im „Tell" auf den Rütli verlegt, ist ihm allerdings nicht anzukreiden, denn in den Quellen, die ihm zur Verfügung standen, heißt es, die Verschwörer hätten sich (allerdings *nach* dem Eid) mehrfach auf dem Rütli getroffen.
Die Idee zum „Wilhelm Tell" stammt übrigens – man staune! – von Goethe. Der hatte sich auf seiner Schweizer Reise mit dem Stoff befasst und seinerseits ein Epos zum Thema geplant, überließ seine Vorstudien dann aber Schiller, der ihm inzwischen zum Freund geworden war und den er durch eine interessante Herausforderung wieder einmal von großen Sorgen um die Gesundheit abzulenken versuchte.

Schiller selbst ist nie in der Schweiz gewesen; eigentlich müsste man ihn zum Schweizer h.c. ernennen.

Aha EXTRA

Lauter Sprichwörter!

Über seinen Freund sagte Goethe anerkennend: „Es ist bei Schiller jedes Wort praktisch, und man kann ihn im Leben überall anwenden." Ruhrgebiets-Kabarettist Jürgen von Manger sagte es kürzer: „Lauter Sprichwörter"!

In einem weitverbreiteten Buch mit dem schönen Titel „Geflügelte Worte" ist Schiller der am häufigsten zitierte Autor. Bei Sprichwörtern weiß man eigentlich nicht, von wem sie stammen – sie gehören zum „Volksmund". Aber viele Formulierungen Schillers – oder seiner Dramenfiguren – sind im wahrsten Sinne „sprichwörtlich" geworden: Jeder kennt und benutzt sie, oft ohne zu wissen, dass sie von Schiller sind.

„Der langen Rede kurzer Sinn".
„Drum prüfe, wer sich ewig bindet".
„Gegen Dummheit kämpfen Götter selbst vergebens".
„Die Axt im Haus erspart den Zimmermann".

Und viele andere ...

Ein beliebtes Gesellschaftsspiel ist ja zu fragen: „Wer hat das gesagt ...?" Bei unseren Beispielen ist die Antwort immer gleich: Schiller! Aber ein Besserwisser würde weiter fragen: „Weißt du denn auch, *wo* das steht?" Deshalb hier weitere geschliffene Formulierungen, mit deren Quellen Sie glänzen können:

„Ich kenne meine Pappenheimer" (aus dem Drama „Wallensteins Tod"). Und für Nochbesserwisser: Das korrekte Zitat lautet *„Daran erkenn ich meine Pappenheimer!"*

„Wer zählt die Völker, nennt die Namen?" (aus der Ballade „Die Kraniche des Ibykus"). Und wie geht's weiter? Genau:
„... die gastlich hier zusammenkamen".

„Was tun? sprach Zeus" stammt aus dem Gedicht „Die Teilung der Erde". Der Dichter beschwert sich dort bei Göttervater Zeus, bei der Erschaffung der Welt sei nichts für ihn übrig geblieben.
Darauf heißt es: *„Was tun?" spricht Zeus, „die Welt ist weggegeben."*
Populär geworden ist dieser Spruch auch mit der Fortsetzung: *„Was tun, sprach Zeus, die Götter sind besoffen."*
Viele kennen nur diese Wendung ...

Eine haarige Geschichte

Schiller hatte prächtige, rötlichblonde Haare. Dass seine Locken einmal zum Vorbild für eine Haartracht würden und man im Internet elektrische Stäbe zur Formung von „Schillerlocken" ordern könnte, hätte er sich kaum träumen lassen.

Als Zögling an der Karlsschule hatte Schiller allerdings wenig Freude an seiner Haarpracht. Da der Herzog keine Rothaarigen mochte, wurde Fritz gezwungen, die Haare weiß zu färben. Dies war nur eine der vielen Demütigungen, die er während seiner Ausbildung dulden musste. Später ließ er seine Haare dann wild wachsen, so dass Johann Gottfried Schadow, der eine Zeichnung von ihm anfertigte, von „struppigen" Haaren sprach, wie man sie bei antiken Darstellungen von „Barbaren" kenne. Am bekanntesten ist das Schiller-Porträt von Anton Graff. Es zeigt den Dichter tatsächlich in seiner rötlichblonden Lockenpracht.

Aber wir schulden unseren verehrten Lesern noch eine Erklärung für eine wahrhaft haarige Geschichte: die „Schillerlocken" im Fischrestaurant und in Konditoreien. Wie konnte das geschehen? Nun, es ist die Ähnlichkeit in Form und Farbe. Der enthäutete safranfarbige Bauchlappen des Dornhais rollt sich beim Räuchern ein und ähnelt danach Schillers Haaren. Und die in der Feinbäckerei hergestellten Schillerlocken, ein Gebäck aus Blätterteig, sind ebenfalls röhrenförmig, gedreht und rötlichblond.

Ob sich Schiller über eine derartige Popularität gefreut hätte?

Aha EXTRA

Keine Krone für Schiller ...

Beinahe wäre Schiller gekrönt worden! Aber nur beinahe. Und ausgerechnet Goethe hat es verhindert.

Aber von vorne: Goethe hatte einen Widersacher – den Schriftsteller August von Kotzebue, der wie er in Weimar lebte, dessen Theaterstücke aber nicht nur dort, sondern weltweit derart beliebt waren, dass Theaterdirektor Goethe nicht umhinkam, sie auch auf seiner eigenen Bühne ständig aufzuführen. Kotzebue aber reichte das nicht. Er wollte Goethes Anerkennung! Eifersüchtig auf Schiller wegen dessen Freundschaft zu Goethe versuchte er darum, einen Keil zwischen die beiden zu treiben.
Weimar 1801. Um Goethe zu ärgern, organisiert Kotzebue eine Feier im neuen Stadthaus: eine „Dichterkrönung" zu Ehren Schillers! Zahlreiche Weimarer, auch die Tochter des Herzogs, Prinzessin Caroline, sagen ihre Teilnahme zu. Eine riesige Glocke aus Pappe soll aufgestellt werden, und Kotzebue als selbsternannter „Meister Glockengießer" will sie feierlich mit einem Hammer einschlagen, um den Blick auf den Knaller freizugeben: Schillers Büste, die nun mit der Dichterkrone bekränzt werden kann!
Schiller ist das Ganze von Anfang an so peinlich, dass er sich am liebsten krankmelden würde. Doch Goethe, der die Absichten Kotzebues durchschaut hat, weiß Rat – und hat Verbindungen: Als die Handwerker anrücken, um den Saal herzurichten, ist der verschlossen – Anweisung des Bürgermeisters. Die Büste – die einzige, die es in Weimar gab – wird ihnen ebenfalls verweigert. Begründung: Man habe noch nie eine Gipsbüste unbeschädigt zurückbekommen. Kotzebue ist blamiert. Schiller ist erleichtert. Und Goethe amüsiert sich noch dreißig Jahre später gegenüber Eckermann über seinen Coup.

Aha

… aber ein Adelstitel

16. November 1802. Schiller, noch im Morgenrock, erhält einen Brief mit kaiserlichem Siegel. Er überfliegt ihn nur und gibt ihn seiner Frau. Die ist ganz aufgeregt: Es ist der Adelsbrief für ihren Mann! Unterschrieben von „Franz dem Zweiten, von Gottes Gnaden erwählter Römischer Kaiser …"

Der Dichter aber macht sich an seine Arbeit; sein neues Drama wartet. Lakonisch trägt er in seinen Kalender ein: „Der Adelsbrief aus Wien".
Ja, bedeutete das Ganze ihm denn gar nichts? Doch, aus einem Grunde freute er sich. Seine Frau, die geborene von Lengefeld, hatte durch die Heirat mit dem bürgerlichen Schiller ihren Adelstitel verloren und deshalb keinen Zugang zum Weimarer Hof! Sie litt darunter, während Schiller selbst, der nicht nur in seinen Schriften, sondern auch in seiner Lebensführung niemals als „Fürstenknecht" gelten wollte, gut darauf verzichten konnte.
Goethe, auch er bürgerlich von Geburt, hatte sich für seinen Freund beim Herzog eingesetzt, denn keiner von Schillers anderen Titeln, weder Hofrat noch Professor, hatten an den starren höfischen Regeln etwas ändern können. Nun endlich konnte „Frau von Schiller" – wie ihre Schwester Caroline, diese adlig verheiratet – zu Anlässen am Hof eingeladen werden!
Schillers Veröffentlichungen jedoch erschienen weiterhin ohne den Adelstitel, und auch in seinen Briefen machte er davon kaum Gebrauch. An seinen Verleger Cotta schrieb er, für seine eigene Person sei ihm „die Sache ziemlich gleichgültig" gewesen, er freue sich aber für seine Frau. Und da er ahnt, dass er nicht mehr lange zu leben hat, denkt er auch an seine Kinder. Der erbliche Adelstitel, so hofft er, werde auf deren „Versorgung einen guten Einfluss haben".

Endlich! Der Adelstitel! So dachte Charlotte Schiller, geborene von Lengefeld. Ihr Mann freute sich nur ihretwegen.

Aha

Trotz alledem

Die ständige Geldnot, der viele Ärger mit dem Erscheinen seiner Werke, die pausenlose Arbeit in Kombination mit einer ungesunden Lebensführung – der große Schiller hatte eine schwache Gesundheit, was ihn aber nicht davon abhielt, weiter zu schreiben. Im Gegenteil.

„Ich bin täglich 14 Stunden lesend und schreibend in Arbeit", schreibt er 1790 aus Jena an Freund Körner. Da war es gerade „Die Geschichte des Dreißigjährigen Krieges", die ihn forderte. Er musste produzieren – weil er es wollte und weil er davon lebte. An manchen Tagen schrieb er allein ein Dutzend Briefe, und nicht wenige baten um Geld.

Der Kampf um eine bürgerliche Existenz wird immer wieder bedroht von Krankheitsanfällen. Die Symptome einer der frühen heftigen Attacken – Schiller ist gerade einmal 31 – beschreibt Schillers Frau Charlotte so: „Beklemmung auf der Brust … Fieberanfall … Krämpfe aus dem Unterleib".

„Übernatürlich" habe der Mann sich anstrengen müssen, um Luft zu bekommen. 1791 in Jena steht es so schlecht um Schiller, dass Studenten nachts bei ihm wachen. Unter ihnen übrigens der junge Bewunderer Friedrich von Hardenberg alias „Novalis". Es geht sogar das Gerücht, Schiller sei verstorben …

Schillers Hausarzt Starck erkennt die Krankheit nicht und hat es auch nicht leicht mit diesem Patienten, der ja selbst Medizin studiert hat, alle Rezepte hinterfragt und die Symptome so genau beschreibt, dass ein Internist sich noch 150 Jahre später der Diagnose sicher ist: Lungenentzündung, Rippenfellentzündung, Bauchfellentzündung, beeinträchtigte Darmfunktion.

Es soll nicht die einzige lebensgefährliche Attacke bleiben. Aber wann immer Schiller wieder einigermaßen bei Kräften ist, geht es weiter mit viel zu starkem Kaffee und zu viel Alkohol, mit Tabakschnupfen, Rauchen und rastloser Arbeit.

Ja, Schiller war auch leichtsinnig. Im Winter 1792, nur ein Jahr nach dem geschilderten Anfall, fuhr er, nur leicht bekleidet, bis in die Nacht hinein Schlitten und büßte es mit einer Erkältung und Koliken.

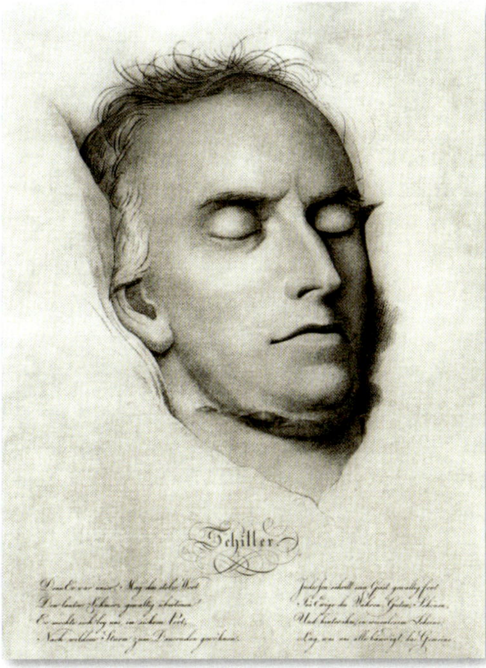

„Schiller auf dem Totenbett“, nach einer Zeichnung von Ferdinand Jagemann. Unten sind die zwei letzten Strophen aus Johann Wolfgang von Goethes „Epilog zu Schillers Glocke“ zu lesen.

Im Herbst 1804 wird Schiller nach einer erneuten schweren Erkrankung schon totgesagt. Er hatte seine Frau für die Geburt des vierten gemeinsamen Kindes noch zum Hausarzt Starck nach Jena begleitet. Mutter und Kind waren wohlauf, der Vater nicht: „Wenn es nur schon aus wäre“, schreibt er nach schmerzhaften Koliken, rafft sich aber noch einmal auf, um seinen – dann nicht mehr vollendeten – „Demetrius“ zu beginnen.
Im Dezember besucht er in Weimar noch einmal eine „Redoute“, wo sich die Bewunderer um ihren „Trinkkönig“ scharen. Im Februar 1805 erkrankt Freund Goethe schwer. Schiller weint bei der Nachricht und erleidet am Tag darauf selbst einen schweren Fieberanfall.
45 Jahre ist Friedrich Schiller alt, als er am 9. Mai 1805 abends in Weimar stirbt. Zuvor will er noch einmal die Abendsonne sehen.
Der Obduktionsbericht ist deutlich. Schillers Lunge: „brandig, breiartig und ganz desorganisiert“. Sein Herz: „ohne Muskelsubstanz“. Gallenblase und Milz: „unnatürlich vergrößert“. Die Nieren: „aufgelöst und völlig verwachsen“. Der Leibarzt des Weimarer Herzogs staunt, „wie der arme Mann so lange hat leben können“. Es ist der Sieg der unsterblichen Kunst über den Verfall.

Aha EXTRA

Gute Gene

Der Familienname Schiller ist in Deutschland weit verbreitet. Über 9000 Einträge wurden 2002 gezählt, vor allem im Süden. Aber ist denn unter den vielen Schillers ein direkter Nachkomme des Dichters?

Schillers Ehefrau Charlotte brachte vier Kinder zur Welt: zwei Söhne und dann zwei Töchter, von deren Vornamen wir immer nur einen nennen. Der Erstgeborene war 1793 Karl. Er war erst elf, als sein Vater starb. Doch die Mutter ermöglichte ihm ein Studium der Forstwissenschaften, worauf er im württembergischen Forstdienst willkommen war. Karl war verheiratet, hatte aber nur einen Sohn, Friedrich – und der starb 1877, kinderlos.
Ernst, 1796 geboren, sah seinem Vater ähnlich und war Mutter Lottes Liebling. Sie zog denn auch später zu ihm ins Rheinland. Auch Ernst studierte, in seinem Fall Rechtswissenschaften. Er war Richter in der preußischen Rheinprovinz, als er 1823 die ältere Witwe Magdalene von Mastiaux heiratete. Gemeinsame Kinder gab es nicht – Ende der Schiller-Linie auch hier. Ernst und seine Mutter sind beide in Villich, heute Bonn, begraben.
Mit Goethe hatte sie den berühmtesten Taufpaten: die 1799 geborene Luise. Sie wurde Erzieherin, erst am Württembergischen Hofe, später als Leiterin eines Mädcheninternats in Heidelberg. Sie war schon 39, als sie nahe Rudolstadt den Vater einer Schülerin, den kinderreichen Witwer Franz Junot, heiratete. Das einzige gemeinsame Kind Karl Felix, das die berühmten Schillerlocken geerbt hatte, wurde nur fünf Jahre alt. Damit war die Schiller-Linie auch hier beendet.
Tochter Emilie war noch kein Jahr alt, als Schiller 1805 starb. Mit 21 verlor sie dann auch die Mutter. Dafür wurde ein Patenkind ihres Vaters und Sohn von Mutters bester Freundin ihr Ehemann: Heinrich Adalbert Freiherr von Gleichen-Rußwurm. Das Paar ließ sich auf Schloss Greifenstein in Unterfranken nieder und machte es zum Mittelpunkt der Schillerstiftung, wo Emilie

Der Liebling von Mutter Lotte:
Schillers zweiter Sohn Ernst wurde
Jurist und schrieb Gedichte.

unermüdlich biografische Beiträge schrieb. Ihr Sohn Heinrich Ludwig war Landschaftsmaler und bis zu seinem Tod 1901 Vorsitzender der Deutschen Schillerstiftung. Hier starb die direkte Schiller-Linie 1947 aus: mit dem Tod des kinderlosen Alexander von Gleichen-Russwurm, der ehrenhalber den Namen Schiller tragen durfte. Behütet durch Großmutter Emilie, war er auf Greifenstein standesgemäß aufgewachsen – mit weiten Reisen und literarischen Salons. Selber auch Schriftsteller, produzierte er Schöngeistiges wie „Die Geschichte der europäischen Geselligkeit", litt aber unter dem Vergleich mit dem Schreibtalent des Urgroßvaters, dessen Hinterlassenschaft er dem Goethe-Schiller-Archiv in Weimar und damit uns allen schenkte.

Schillers jüngste Tochter Emilie baute die Schillerstiftung auf.

Aha

Mogelpackung

Stellen Sie sich das mal vor: Ihr bester Freund ist früh verstorben und wird zusammen mit anderen begraben. Zwanzig Jahre später wird das Gemeinschaftsgrab geöffnet und der Schädel des Freundes wird dabei geborgen. Unvorstellbar? Keineswegs.

Genauso verhielt es sich mit Schillers Schädel. Und es passierte noch mehr. Denn der beste Freund hieß hier Goethe und bat um Schillers Schädel, um ihn bei sich zu Hause aufzustellen, auf blauem Samt.

Der ganze Schiller war bei seiner Beerdigung im Jahre 1805 aber keinesfalls auf Samt gebettet worden. Seine Ruhestätte in der Gruft des Weimarer „Kassengewölbes" war eher ein Skandal, handelte es sich doch um ein Massengrab! Als man ihm dann besagte 20 Jahre später ein Familiengrab gönnen wollte, fand man jedoch bei der Öffnung der Gruft zahlreiche nicht identifizierbare Gebeine. Man glaubte aber, durch einen Vergleich mit Schillers Totenmaske zumindest den „richtigen" Schädel gefunden zu haben und stellte diesen auf Anraten des Herzogs in der Bibliothek aus. Die Skelettknochen, die man Schiller zuordnete, wanderten ebenfalls in die Bibliothek, in einer Kiste ...

Den Wunsch, den Schädel zu sich nach Hause zu nehmen, mochte der Herzog seinem Freund und Bibliotheksdirektor Goethe nicht abschlagen. Und so konnte der in seinem Haus am Frauenplan beim Anblick des Schädels ein Gedicht verfassen, in dem es heißt, es komme ihm vor, als ob „ein Lebensquell dem Tod entspränge".

Nachdem 1827 die Weimarer „Fürstengruft" fertig ist, in der nach den bereits überführten fürstlichen Verwandten 1828 auch der Herzog und 1832 dann Goethe ihre letzte Ruhestätte finden werden, erlaubt der Fürst, Schillers vermeintliche Überreste, Schädel und Skelett, dort aufzubewahren. Schiller, der nie einem Fürsten dienen wollte, in einer „Fürstengruft"!

Nicht genug damit bei dieser abenteuerlichen Geschichte! Anhaltende Zweifel an der Echtheit der Gebeine führen 1911 zur erneuten Vermessung des fraglichen Schiller-Schädels. Und siehe da: Aus dem längst verschütteten

„Kassengewölbe" wird ein weiterer Schädel geborgen, der, zusammen mit einem Skelett, als „echt" erklärt wird. Nun liegen auf einmal zwei Schiller in der Fürstengruft!

1927 erst wurde ermittelt, dass der „zweite" Fund keineswegs der echte sein konnte – er stammte von einer Frau! 2008 kam dann die moderne Forschung mit ihrer DNA-Analyse. Ergebnis: Auch der „erste" Schiller ist nicht der richtige. Wer deshalb heute die Fürstengruft besucht, findet in dem Gewölbe zwar einen Sarkophag mit Schillers Namen; aber drin ist: nichts!

Wer oder was steckt da wohl drin? Schiller jedenfalls nicht …
Goethes und Schillers Särge in der Weimarer Gruft

„Goethe bei Betrachtung von Schillers Schädel" von Gustav Heinrich Eberlein, Ausstellung im Schillermuseum der Klassik Stiftung in Weimar

Aha

Falsche Freunde, verliebte Fans

Kein deutscher Dichter ist jemals so gefeiert worden wie – nein, nicht Goethe, sondern Schiller! Sein 100. Geburtstag 1859 wurde in sage und schreibe 500 deutschen und ausländischen Städten mit Schillerfeiern begangen.

Wer das Geschehen verstehen will, muss die damaligen politischen Verhältnisse betrachten. Verbunden wurden die Feiern nämlich mit einem anderen „Jubiläum“: Die erste deutsche „Revolution“, die eine Vereinigung der vielen feudalen Kleinstaaten zu einem demokratischen Staat zum Ziel hatte, lag zehn Jahre zurück. Zwar war sie am Widerstand der Großmächte gescheitert, aber die Sehnsucht nach Einheit in Freiheit war ungebrochen. Und da schien Schiller der ideale Schutzpatron!

Eine zeitgenössische Zeichnung zeigt – unter einer deutschen Eiche natürlich – eine sinnende Göttin Germania, der ein antik gewandeter, lorbeerbekränzter Schiller mit einer Parole aus seinem „Wilhelm Tell“ erscheint: „Seid einig, einig, einig!“

2005 zu Schillers 200. Todestag erschienen

Schiller bleibt auch nach der Reichsgründung 1870/71 noch lange der deutsche „Nationaldichter“ – neben Goethe. Doch während Goethe verehrt, aber wenig gelesen wird, ist Schiller überall präsent. Seine Balladen, aber auch die Dramen, sind zum „Volksgut“ geworden.

Der Ruhm hat allerdings seine Schattenseiten: Das Spießbürgertum des ausgehenden 19. Jahrhunderts macht sich einen Moralapostel zurecht, und der um sich greifende Nationalismus ist dreist genug, den Dichter der Freiheit für seine ideologischen Zwecke zu vereinnahmen. Solcher Nährboden macht es den Nazis dann leicht, Schiller zum Vorreiter ihrer „völkischen“ Ideologie zu erklären – auch wenn manchem wohl dämmerte, dass man sich besser nicht auf ihn berufen sollte. Der „Wilhelm Tell“ jedenfalls wurde vorsichtshalber von Hitler persönlich verboten: Dort werde ein Tyrannenmord gefeiert!

Kaum besser erging es Schiller später in der DDR: Dort musste er als Vorläufer des Sozialismus herhalten. Besonders liebevoll ist aber auch die Bundesrepublik nicht mit ihm umgegangen. Die Feiern zu seinem 150. Todestag 1955 und zu seinem 200. Geburtstag 1959 fielen eher dürftig aus. Was bleibt, ist der Festvortrag von Thomas Mann aus dem Jahre 1955, den er in beiden Teilen Deutschlands hielt: Er gilt als „Liebeserklärung“ an Schiller. Und als Mahnung: Haben die Deutschen denn gar nichts aus zwei Weltkriegen gelernt? Sie sollten mehr Schiller lesen!

Und heute? Ist Schillers Werk auch im 21. Jahrhundert noch aktuell? Aber ja! Seine Dramen gehören zum Spielplan unserer Bühnen. Moderne Regisseure mögen die Stücke von allzu viel historischem Ballast befreien; aber die Idee der Freiheit zündet nach wie vor! Natürlich sind inzwischen auch Verfilmungen hinzugekommen, in denen die Person Schillers selbst dann immer mehr in den Vordergrund rückt. Hier ist er nicht mehr der Moralprediger oder der geradezu gottähnliche Freiheitsapostel, sondern trotz seiner ständigen Geldnot und seiner schon früh angegriffenen Gesundheit vor allem ein jung gebliebener Draufgänger, ein Mann, der die Herzen der Frauen im Sturm erobert und dessentwegen sich gleich zwei verheiratete Frauen – beide adelig – scheiden lassen wollen. Ein treffendes Porträt bietet der Film „Die geliebten Schwestern" von Dominik Graf von 2014 mit einem umwerfend charmanten Florian Stetter als Schiller und Hannah Herzsprung und Henriette Confurius als die Schwestern Caroline und Charlotte von Lengefeld.

Die Botschaft der Freiheit, gekleidet in eingängige Sentenzen und spannende Plots, ist bis heute erstklassiger Bühnenstoff.

200 Jahre nach seinem Tod sorgte die Verehrung Schillers für ein einmaliges Comeback im deutschen Fernsehen: Das legendäre „Literarische Quartett" widmete sich unter der Leitung des unvergessenen Marcel Reich-Ranicki Schillers Dramen.

Aha EXTRA

Das Schiller-Quiz

1 Warum meinte Schillers Vater, sein 13-jähriger Sohn sei „närrisch“ geworden?

A. Weil er Pfarrer werden wollte
B. Weil er Gedichte schrieb
C. Weil er sich die Haare färbte
D. Weil er die 14-jährige Nachbarstochter heiraten wollte

2 Wer schrieb das Buch: „Alle Menschen werden Schwestern“?

A. Luise Pusch
B. Alice Schwarzer
C. Hedwig Dohm
D. Renate Künast

3 In welche Charlotte war Schiller *nicht* verliebt?

A. Charlotte von Kalb
B. Charlotte von Lengefeld
C. Charlotte von Wolzogen
D. Charlotte von Stein

4 Womit behandelte der Militärarzt Schiller mit Vorliebe seine Grenadiere?

A. Mit Einläufen
B. Mit Brechmitteln
C. Mit übermäßigem Alkohol
D. Mit gutem Zureden

5 Von welchem Drama Schillers sagte Goethe, es habe ihn „angewidert“?

A Kabale und Liebe
B. Die Jungfrau von Orleans
C. Die Räuber
D. Maria Stuart

6 Welche dieser Balladen ist nicht von Schiller, sondern von Goethe?

A. Der Gang nach dem Eisenhammer
B. Der Gott und die Bajadere
C. Die Teilung der Erde
D. Der Kampf mit dem Drachen

7 **Was sind Schillerlocken *nicht*?**

A. Geräucherte Bauchlappen des Dornhais
B. Schaumrollen aus Blätterteig
C. Sumpfdotterblumen
D. Die Frisur Friedrich Schillers

8 **Welche dieser Figuren gehört *nicht* zu den „Räubern"?**

A. Schufterle
B. Razmann
C. Spiegelberg
D. Wurm

9 **Bei welchem Thema kamen sich Goethe und Schiller näher?**

A. Bei Goethes „Metamorphose der Pflanzen"
B. Bei Schillers „Don Carlos"
C. Bei Goethes „Farbenlehre"
D. Bei Schillers „Aufstand der Vereinigten Niederlande"

10 **Womit zog sich Schiller die Beschimpfung zu, er sei „Kants Affe in Jena"?**

A. Mit seiner Abhandlung „Über Anmut und Würde"
B. Mit seiner Schrift „Über naive und sentimentalische Dichtung"
C. Mit den – zusammen mit Goethe verfassten – satirischen Zweizeilern „Xenien"
D. Durch seine Ernennung zum Professor in Jena

11 **Wen möchte Schiller in einem Gedicht am liebsten in einen „Triller" (in einen drehbaren Drahtkäfig) sperren?**

A. Den schwäbischen Landesherrn Carl Eugen
B. Goethe
C. Den Weingott Bacchus
D. Den Teufel

12 **Wie heißt Schillers einziges Lustspiel?**

A. „Körners Vormittag"
B. „Klopstocks Mittag"
C. „Goethes Abend"
D. „Lottes Nacht"

13 **Welche Staatsangehörigkeit hatte Schiller?**

A. Keine, das war damals nicht üblich
B. Die württembergische
C. Die sächsische
D. Die französische

14 **Was spielte Schiller mit seinen Kindern am liebsten?**

A. „Löwe und Hund", ein Rollenspiel
B. Ecarté, ein Kartenspiel
C. Puff, ein Würfelspiel
D. Schach

15 **Warum wurde Schillers Drama „Die Jungfrau von Orleans" im Gegensatz zu seinen anderen klassischen Dramen nicht in Weimar uraufgeführt?**

A. Goethe meinte, das Stück solle in Frankreich uraufgeführt werden

B. Der Weimarer Herzog sprach sich dagegen aus, weil seine Mätresse für die Rolle der Jungfrau vorgesehen war

C. Das Theatergebäude war kurz vor der geplanten Aufführung abgebrannt

D. Ein konkurrierender Autor hatte einen Plagiatsprozess angestrengt

16 **In welchem Gedicht Schillers kommt die Verszeile vor: „Der fromme Sänger wird gerochen"?**

A In der „Ode an die Freude"

B. Im „Lied von der Glocke"

C. Im „Punschlied"

D. In der Ballade „Die Kraniche des Ibykus"

17 **Welche der folgenden Aussagen trifft *nicht* zu?**

A Schiller wurde in einem Massengrab beigesetzt

B. Seine sterblichen Überreste liegen in einem Sarg in der Weimarer „Fürstengruft" neben denen von Goethe

C. Sein Skelett in der „Fürstengruft" wurde mehrfach untersucht; man ist sich heute sicher, dass es nicht von Schiller ist

D. Goethe hatte zeitweise Schillers Schädel auf seinem Schreibtisch liegen und schrieb ein Gedicht darüber

18 **Wie heißt Schillers einziger Roman, den er in Fortsetzungen veröffentlichte?**

A. „Der Geisterseher"

B. „Der Magnetiseur"

C. „Der tolle Invalide auf dem Fort Ratonneau"

D. „Das Bettelweib von Locarno"

19 **Welches Shakespeare-Drama hat Schiller ins Deutsche übersetzt?**

A Hamlet

B. Der Kaufmann von Venedig

C. Ein Sommernachtstraum

D. Macbeth

20 **Welche Stadt nennt sich „Schillers heimliche Geliebte"?**

A Jena

B. Marbach

C. Rudolstadt

D. Ludwigsburg

Quiz-Lösungen

1 = **B**

2 = **A**

3 = **D** (Charlotte von Stein) – ist jedenfalls nicht überliefert

4 = **B**

5 = **C**

6 = **B** (Die Bajadere ist eine indische Tänzerin)

7 = **C**

8 = **D** (Wurm ist der schleimige Sekretär in „Kabale und Liebe")

9 = **A** (Sie diskutierten über die „Metamorphose der Pflanzen")

10 = **C**

11 = **C** (Das Gedicht heißt „Bacchus im Triller")

12 = **A**

13 = **D** (Er erhielt 1792 eine Ehrenurkunde durch die französische Revolutionsregierung. Fortan nannte er sich „Bürger von Frankreich")

14 = **A**

15 = **B**

16 = **D** („gerochen" = veraltete Form von „gerächt")

17 = **B**

18 = **A** (B ist von E. T. A. Hoffmann, C von Achim von Arnim, D von Heinrich von Kleist)

19 = **D** (Schiller betrachtete Shakespeares Macbeth als Muster, wie eine Tragödie aufgebaut sein sollte)

20 = **C** (Hier verlebte Schiller einen glücklichen Sommer mit den Schwestern von Lengefeld)

Schillernde Zitate

„Schiller ist mir verhasst, ein kraftvolles, aber unreifes Talent."

(Goethe 1788)

„Es war ein Glück für mich, dass ich Schillern hatte."

(Goethe 1827)

„Schiller ist der edelste, wenn auch nicht der größte Dichter der Deutschen."

(Heinrich Heine)

„Ein nörgelnder Uhu"

(Gottfried August Bürger über Schiller, der Bürgers Gedichte abfällig rezensiert hatte)

„Überspannt sind sie alle."

(Schiller über seine eigenen Gedichte)

„Schon Schiller sagte, der Mensch ist nur dort Mensch, wo er spielt."

(Angela Merkel bei der Eröffnung der Spielemesse „Gamescom" 2017; nebenbei: Sie hat ihn missverstanden.)